心一堂術數古籍珍本叢刊

書名：增補高島易斷（原版）附虛白廬藏日本古易占五種（六）

系列：心一堂術數古籍珍本叢刊　占筮類　第三輯　248

作者：【日本】高島吞象　等、【清】王治本中譯

主編、責任編輯：陳劍聰

心一堂術數古籍珍本叢刊編校小組：陳劍聰　素聞　鄒偉才　虛白廬主　丁鑫華

出版：心一堂有限公司

通訊地址：香港九龍旺角彌敦道六一〇號荷李活商業中心十八樓〇五一〇六室

深港讀者服務中心：中國深圳市羅湖區立新路六號羅湖商業大廈負一層〇〇八室

電話號碼：(852)9027-7110

網址：publish.sunyata.cc

電郵：sunyatabook@gmail.com

網店：http://book.sunyata.cc

淘寶店地址：https://sunyata.taobao.com

微店地址：https://weidian.com/s/1212826297

臉書：https://www.facebook.com/sunyatabook

讀者論壇：http://bbs.sunyata.cc/

版次：二零二一年五月初版

平裝：八冊不分售

定價：　港幣　　　一仟六百八十元正
　　　　新台幣　　六仟九百八十元正

國際書號：ISBN 978-988-8583-91-1

版權所有　翻印必究

香港發行：香港聯合書刊物流有限公司

地址：香港新界荃灣德士古道二二〇一二四八號荃灣工業中心十六樓

電話號碼：(852)2150-2100

傳真號碼：(852)2407-3062

電郵：info@suplogistics.com.hk

網址：http://www.suplogistics.com.hk

台灣發行：秀威資訊科技股份有限公司

地址：台灣台北市內湖區瑞光路七十六巷六十五號一樓

電話號碼：+886-2-2796-3638

傳真號碼：+886-2-2796-1377

網絡書店：www.bodbooks.com.tw

台灣秀威書店讀者服務中心：

地址：台灣台北市中山區松江路二〇九號一樓

電話號碼：+886-2-2518-0207

傳真號碼：+886-2-2518-0778

網絡書店：http://www.govbooks.com.tw

中國大陸發行　零售：深圳心一堂文化傳播有限公司

深圳地址：深圳市羅湖區立新路六號羅湖商業大廈負一層〇〇八室

電話號碼：(86)0755-82224934

心一堂微店二維碼

心一堂淘寶店二維碼

虎門　鼓缶子　述

養人

養人ノ占法妻婢奴僕ハ妻財ヲ用神トシ他人ノ子ヲ得テ繼

嗣トスルハ子孫ヲ用神トシ其他流浪ノ人ヲ養ヒ難アルノ

人ヲ匿スノ類ハカ子ヲ交ル所ノ分ヲ以テ用神トス朋友同

学ハ兄弟ヲ用ヒ尊長師匠ハ父母ヲ用ヒ婦女ハ妻財ヲ用ハ

ノ類ナリ

△用爻發動スルハ其人永タト、マlス○用爻旺相シテ身

世ニツクカ又ハ世爻ヲ生合スルハ大吉トス○用爻ヨリ世

爻ヲ生合スルハ其人心ヲ用ヒカヲ竭ス○用爻世身ヲ沖セ

スルハ其人心服セス○用爻重疊大過スルカ又ハ空凶ニア
フハ其人反覆不實ニシテイタツラ心アリ○用爻墓ニ入ル
ハ其人慵懶トス○用爻衰弱氣ナク或ハ空凶ニアヒ或ハ絶
ニアフハ其人ラチアカスモノトス○用爻衰弱ニシテ日辰
動爻ニ刑克セラレテ救フ者ナケレハ短命トス○用爻發動
シテ空凶ニ化スルハ其人始ヨロシク後アシヽ○用爻青龍
ヲ帶ヒ發動シテ子孫ニ化シテ世爻ヲ生合スルハ其人篤實
忠信ニシテ金銀ヲ託スルモヨク守リテ利ヲ主人ニ皈ス○
用爻騰蛇ヲ帶ヒテ發動シテ官鬼ニ合スルハ其人智謀アリ
トイヘ圧奸詐不實トスモシ婦人ハスヘテ氣潔ナラス○用
爻玄武ヲ帶テ兄弟ニ化スルハ其人貪欲甚シク好色潺シ○

合慶逢沖ハ始吉ナルカ如ク終甚凶トス○妾婢ヲ占フニ妻

財発動シテ子孫ニ化スルハ小児ヲツレ来ルコトアリモシ妻

財ハ世爻ヲ生合シテ化出ノ子孫ハ世爻ヲ刑克スルハ其婢

妾ハ吉トイ〇尼其子頑劣ニシテ使フベカラス

△月建日辰動爻変爻等ヨリ世爻ヲ克スルハ其人ヲ養フヘ

カラス世爻衰フルノ時ニ至リテ害アルコトアリモシ月日動

変ノ生扶合助アルハ吉トス〇世爻発動スルハ我ノ心改マ

リテ成ラサルコトアリ〇世爻兄爭ヲ持スルハ金銭ヲ費ス・

アリモシ婢妾ヲ養フハ其カヲ得ス殊ニ凶神ヲ帯ヒテ旺相

発動スルハ必破財アリ又人心離ル、コアリトス〇世爻兄

弟ヲ持スルハ金銀ニ乏クシテ事成ラサルコトアルヘシ〇世

爻官鬼ヲ持スルハ我ノ心ニ猶豫シテ決シカヌルフアル故
ニ成リ難キフアリ○卦身ヲ占フ所ノ爻ノ体トシ人ノ身ト
ス世爻ヨリ生合スルハ其ノ人ヲ罷用スルトス○世爻卦身ト
相合シ相生シ比和スルハ吉相克シ相冲シ相刑スルハ凶○
婢僕ヲ養フフヲ占フニ應ヨリ世ヲ生スルハ事成リ易シ世
ヨリ應ヲ生スルハ亥成リ難シ○應爻発動シテ世爻ヲ生合
スルハ更ニ成リ易シモシ合處逢冲カ又ハ克ニアフ寸ハ人
アリテ妨ルトス何人ナルフヲシラント欲セハ合ヲ冲シ或
ハ克スルノ爻ノ五類ヲ以テコレヲ推スヘシ○世應相冲剋
スルハ亥成リ難シモシ日辰動爻ノ生扶合助アルハ貴人ナ
トノ世話アリテトノフヘン

△兄弟発動スルハ破財口舌トス又或ハ虚詐アルコアリ故
ニ安静ニ利シ○兄弟官鬼トモニ発動スルハ後日ニ至リテ
口舌訴訟等アリモシ合住ニアフ尼後日利シカラス○兄弟
官鬼トモニ発動シテ應爻ヨリ世爻ヲ克スルコアリ尼謀ヲ
以テ欺キ偽ルコアリ○兄弟官鬼トモニ発動シテ世爻ヲ克
シテソノ上應爻ヨリモ世爻ヲ刑克スルハタトヒ開爻ヨリ
世爻ヲ生合スルコアリ尼實意ニアラスシテ謀ヲ合スルト
シルヘシ

△官鬼発動スルハ禍アリ或ハ疾病トス○卦中ニ官鬼両爻
アリテ発動シテ又父母両爻アリテモニ発動スル寸ハソノ
㐂両方ニカ丶リ合アルトシルヘシ○官鬼空匕ニアフテ発

動シテ應爻ト合スルハ主ヲ欺キテ金錢ヲ貪ル類ノフヲ謀

ルフアリ

△父母ヲ證文諾狀トシ又受合ノ人等トスモシ卦中ニ父母

爻ナケレハ主タチテ引諾世話スル人ナキフアリモシ変出

ノ爻ニ父母アル寸ハ他ヨリ立入テ世話スルフアルヘシ○

父母発動シテ兄弟ニ化スルハ其身体不實多ク證文等ニモ

偽ナトアルカ又卦中ニ父母爻ナクシテ兄弟爻変シテ父母

トナルモ亦然リ

△間爻ヲ口入世話人トスモシ兄弟又ハ官鬼ヲ持シテ発動

スル寸ハ中ニ立テイタツラアリトシルヘシ○間爻ヨリ世

ヲ生シ或ハ合スルハ中人我ニ向フテ勸ムルトス其人ヲシ

ラントナラハ五類ヲ以テコレヲ推スヘシ○間爻ニ爻尼二

空ヒニアフハ中ニ立入ル者ナシト別ニ人ヲタノムヘシ

△應爻空ヒニアフハ彼ノ意ニ欲セスウケカワストスカラ

竭スヒ無益ナルヘシ

△凡其人ノ性情才器ヲ察センド欲セハ別ニ一卦ヲ起テ

八卦五類六神五行ヲ以テ断スヘシソノ法ハ卦八乾ヲ剛ト

シ大志トシ慾トシ坤ヲ柔順トシ遅拙トシ阿子ルトシ震ヲ

躁トシ正直トシ暴戾トシ巽ヲ伶俐トシ猶豫トシウワキト

シ坎ヲ巧トシ奸曲トシ離ヲ明知トシ烈シトシ艮ヲ篤實ト

シ静トシ訥トシ兌ヲ佞媚トシ辯口トス○六親ハ父母ヲ智

慧才能トシ子孫ヲ善良忠實トシ官鬼ヲ強梁我慢トシ妻財

ヲ藝能器用トシ兄弟ヲ詭詐奸謀トス○六親ハ青龍ヲ喜悦

慈仁トシ朱雀ヲ文華能辯トシ勾陳ヲ遲鈍忠實トシ騰蛇ヲ

輕浮虛躁トシ白虎ヲ武怒刻薄トシ玄武ヲ奸計隱密トス○

五行ハ木ヲ慈仁トシ衆懦トシ火ヲ急敏暴烈トシ土ヲ信實

トシ愚劣トシ金ヲ剛決トシ強横トシ水ヲ智巧トシ陰賊ト

ス○凡六合ノ卦ハ男子ハ才敏ニシテ人ニ親マル、ユヘ吉

トス婦人ハ貞潔ナラサルフアリ六冲ノ卦ハ男子ハ遲鈍ニ

シテ人ニ疎マル、フアリ婦人ハ貞實ナルフ多シ

家宅

家宅ノ占法第二爻ヲ宅舍トシコレヲ宅爻ト云ヒ第五爻ヲ

住居スル人トシコレヲ人爻ト云又二爻ニ合スルヲ門トシ

二爻ヲ冲スルヲ路トス○合冲尅ニ卦中ニシトイフハコレ

姤ノ卦ニ爻亥水ナルニ巳ハ門トシ路四トス夕ハ天風

ノ卦中ニ寅巳ノ二爻ニ○一ハ寅ヲ門トシ巳ヲ路トス姤

爻上下ノ位ニ属スル五行五類六神等ヲ寮シ又住居スル人

ノ本命ヲ考ヘテ吉凶ヲ推スヘシ

△大凡家宅ノ占尤重スル者ハ宅爻人爻ナリスヘテ宅爻ヨ

リ人爻ヲ生スルハ吉克スルハ凶人爻ヨリ宅爻ヲ克スルハ

吉生スルモ凶ニアラス○宅爻発動シテ世爻又ハ卦身ヲ生

スルハ近年ノ内ニ轉宅スルフアリ○宅爻発動スルハ生克

モニ新ニ造作スルフアリ○大歳又ハ月建又ハ日辰宅爻ニ

ツキテ父母官鬼青龍貴人ノ内何レニテモ帯ルハ官職アル

高貴ノ家トス○大歳月建日辰ノ内何レニテモ宅爻ニツキ

妻財官鬼青龍貴人ノ内何レニテモ帯ヒテ世爻又ハ主人本

余ノ爻ヲ生スルハ家内甚賑ハシトス○宅爻歳月日ノ三破

ニアハスシテ歳月日又ハ動爻ヨリ生セラレ妻財爻旺相氣

アルハ大ニ繁栄ス○世爻日辰トモニ同ク宅爻ヲ克スルハ

先祖不安トス○宅爻月破ニアフテ発動シテ世爻又ハ卦身

ヲ克スルハ禍絶ヘス○世爻ニ日辰ヲ持シテ発動シ宅爻ト

同シキハ亥ノ日占フテ大過ヲ得丑ノ他人ノ住居ニシテ地

代宿料ナトカヽルヘシ○宅爻ト世爻ト同シキカ明夷ノ卦

第二爻丑ニシテ世爻世爻ト同シクノタトヘハ明夷

爻七恋丑ナルノ類又ハ変卦ノ世爻ト家人ニ変

スルハ家人ノ世発動スルハ父祖ヲ離レテ別居スルトシ安

爻ナルハ同シ憂ニ分チテ居ルトス○應爻ニツキタル十二

支宅爻ト同シキハ他人ト同居スルファリモシ日辰コレニ

同シキハカリノ住居トス○應爻ニツキタル十二支宅爻ト

同シクシテ妻ノ本命ヲ生合スルハ他ノ人来リテ夫トナル

ファリ○兄弟宅爻ニツキ又ハ宅爻ニ合スルハ両家同居ス

ルファリ○宅爻騰蛇ヲ帯ヒ木ヲ持シテ休囚ニアフハ甚貧

シキ住居トス○宅爻玄武ノ爻ト合シ又沐浴ノ爻アリテ発

動スルハ女人淫乱ナルファリ○宅爻空凶ニアヒソノ上ニ

又主人本命ノ旬空（人甲子ノ歳ノ生レハ戌亥ヲ木命ノ旬空トスル類）ニアフ

ハ荒レ廃リタル處又ハ死絶ヘ或ハ逃去ルノ跡トス

△青龍発動シ空凶ニアハサルハ生旺スルハ新ニ造作スル

トシ休囚スルハ修覆トス妻財ニツクハ勝手墓死父母ニツ

クハ坐舗兄弟ニツクハ門戸子孫ニツクハ郡屋官鬼ニツク

ハ表坐敷トス○青龍木父又ハ水父ニツキ妻財ヲ持シ氣ア

リテ夫ノ本命ヲ持スルハ妻ノ財物ヲ得ルトス○勾陳発動

シテ玄武ノ妻財ヲ克スルハ妻死ス○白虎発動シ休囚墓絶

ニアフハ久シキ住居ニテ破レタリトス○家内ノ人ノ本命

一玄武又ハ咸池ヲ帯ルハ酒色ニ眈ルトス○白虎発動シテ青

龍ノ官鬼ヲ克スルハ夫死ス○年月日時尅ニ白虎ニツクハ

一家内ミナ死亡スモシ子孫発動スルハ悲喜相半ノ象

△子孫妻財旺相生扶シテ宅父又ハ人父ニツキ或ハ卦身ヲ

生シ又ハ世父ヲ生スルハ其家繁昌ス○子孫内卦ニアリテ

世父ヲ生スルハ多ク金銀等ヲ得ルトス○子孫他官ニアリ

テ本命爻ノ下ニ伏藏スル十二支ト同シキ本他ノカ養子ト
スルコトアリ○本官ノ子孫應爻〆下ニ伏藏スル十二支ト同
シキハ我子ヲ他人ヘ養子ニスルコトアリ○子孫妻ノ本命ヲ
持シテ發動シ世爻ニツキテ日辰ヲ帶ルハ其妻嫁ス生時ニ
子ヲ引キ来ル○子孫本命ノ旬空ニアフハ子ヲ得ルコト遲シ
○子孫絶ニアフテソノ上刑克ヲウクルハ子育シ難キコト多
シ○子孫アル官ニ夫ノ命爻妻ノ命爻匕ニアリテ何レカ子
孫ニ合スルハ親類重縁又ハ近處懇志ノ妻縁トス
△妻財世ニツキ化シテ子孫トナルハ仕官ノ人ニハ不利○
妻財發動シテ父母休囚ニアフハ父母ヲ剋シテ子ヲ凶⊗妻財日
辰ヲ持シ發動シテ夫ノ命爻ヲ克シ應爻ト合スルハ妻再縁

スモシ咸池ヲ帯ルハ妻ト外人ト夫兵殺スヲ謀ルモシ老陰

二属スルハ未來ノ喪小ス用心アルヘシ○妻財應爻ト合シ

咸池玄武ヲ帯ルハ妻二心アリ世爻日辰ヲ持シテ妻財應爻

トヲ克スルハ夫見アラハス

△官鬼発動シテ世爻又ハ宅爻ヲ克スルハ禍災絶ヘス○官

鬼発動シテ人ノ本命ヲ克スルヲ催屍煞トス凶○官鬼父母

二貴人ヲ帯ヒテ世爻ニツキ日辰ヲ持シテ発動スルハ仕官

ノ者轉役ノ喜アリ○官鬼白虎ヲ帯ヒテ発動スルハ其冲克

ヲ受ルヌヲ本命トスル人ニ害アリ○官鬼ニ貴人禄等ヲ帯

ルハ出身スル人トス○官鬼本命ノ爻ニツキテ墓ニ入リ卦

身凶神ヲ帯テ制克ヲウクルハ大凶ノ兆○年月日時皆官鬼

二臨ミテ世爻又ハ卦身又ハ本命ニツクハ災アリ○官鬼ナ
ケレハ兄弟ニ権アリ 財物耗散ス但発動スルハヨロシカラ
ス
△父母発動シテ子孫死絶ニアフハ子ヲ克シテ山○父母應爻
ニツキ発動シテ本命ノ父ヲ生スルハ妻腹ノ子又ハ先妻後
妻ノ子トス○卦身命爻モニ父母ヲ持スルハフタツ親ヲ見
ルヘシ○父母空亡ニアヒ氣ナクソノ上應爻日辰動爻化シ
テ父母トナリテ宅爻ヲ生合スルハ地代宿料ナトカヽル住
居トス
△兄弟発動シテ妻ノ命爻ヲ克シ或ハ兄弟夫ノ命爻ニツキ
テ発動スルハ後妻アルヘシ○兄弟日辰ヲ持シテ兄ノ命爻

ヲ克スルカ又ハ弟ノ命爻ヲ克スルハ兄弟不和トス

△世應厄二命爻ニアフハ両姓アリ○世爻應爻妻財ト三合

會局ヲナシ又官鬼両爻アリテ妻ノ命爻ニ合スルハ両夫ア

ルノ象○世應空亡ニアワスシテ相隔チテソノ上妻財世爻ト

相隔チテ空亡シテ沖ニアフハ其夫他郡他國ノ人トス○世

爻發動シラ妻ノ命爻ヲ帯ルハ妻ト尼ニ妻ノ家ニツクフア

リ

△木性ノ人犬ノ官鬼ヲ得火性ノ人土ノ官鬼ヲ得土性ノ人

金ノ官鬼ヲ得ル類ハコレヲ本命助鬼ト云不吉モシ卦体ニ

官鬼ヲ克シ本命ヲ生スルモノアルハ妨ケズ　○木性ノ人ハ金爻ヲ以テ官鬼

木姓ニ火ノ官
鬼ハ本命助鬼

性ガ生シ次ノ官鬼ヲ克ス
トスレ尼モシ水アルハ寸ハ木

トシ又ヲ以テ妻財トス妻財多キハ吉ナルカ如シトイ一

尻官鬼ヲ助ル故ニ凶トス○木性ノ人ハ土ノ官鬼ヲ恐レス

火性ノ人金ノ官鬼ヲ恐レスコレ我ヨリ制スル故ニ発動ス

ル尻妨ケス○木性ノ人水鬼ヲ恐レス火性ノ人木鬼ヲ恐レ

スコレ我ヲ生スル故ナリ

△夫ノ身爻発動シテ妻ノ命爻ニアフハ妻ヲ早ク娶ル妻ノ

身爻発動シテ夫ノ命爻ニアフモ早ク嫁ス○夫ノ身爻日辰

ヲ持シ発動シラ妻ノ命爻ヲ刑スルハ夫ソノ妻ニ和セス○

夫爻妻ノ命爻ヲ刑剋シヌハ妻財ヲ刑克シテ克ヲウクル妻

財両爻アルハ夫両妻ヲ克スモシ夫ニ日辰ヲ帯ヒテ旁爻ノ

妻財ニ合スルハ再娶トス○夫爻日辰又ハ動爻ト同シタ三

刑羊刄等ヲ帯ヒテ妻ノ爰爻ヲ克スルハ其妻ヲ殺スコアリ

○夫ノ爰爻妻ノ本爰禄星ニツキ｟妻タル人甲子歳ノ生レナ甲ノ禄ハ寅ニアリト｠

スルノ類ヲ云生旺シテ氣アルハ夫タル人妻ノ養ヲウクルトモ

シ羊刄旬空月破等ニアフハシカラス○爰爻発動シテ妻ノ

爰爻ニ合スルハ妻ト匕ニ妻ノ家ニツクコアリ○妻ノ爰爻

第五爻ニツキテ世爻ヲ生合スルハ夫ヲ助ケテヨク内ヲ治

ムル妻トスモシ世爻ヲ沖克スルハ夫ヲ蔵シ又ハ夫ノ家ヲ

破ル○妻ノ身爻日辰ヲ持シ発動シテ夫ノ爰爻ヲ刑スルハ

妻ソノ夫ニ和セス○妻ノ爰爻夫ノ身爻ヲ沖シ又ハ夫ノ爰

爻妻ノ身爻ヲ沖スルハ夫婦不和○妻ノ爰爻玄武咸池ヲ帯

ヒテ應爻ト合スルハ妻ニ心アリ夫爻日辰ヲ持シテ妻又ハ

應爻ヲ克スルハ見アラハスヘシ○妻ノ命爻日辰ヲ帯ヒ發
動シテ夫爻ヲ克シ應爻ト合スルハ妻再嫁スモシ咸池ヲ帯
ヒテ夫ノ身爻命爻ヲ克スルハ他人ト尼ニ夫ヲ殺スヲ謀
ルモシ老陰ナレハ未来ノコトス用心スヘシ○妻ノ命爻月
破ニアヒ兄爻白虎ヲ帯ヒテ發動スルハ夫ノ家ヲ破ル○夫
ニテモ妻ニテモ命爻ニ合スル爻官鬼ヲ帯ルハ婚姻明ナラ
ストス○子ノ命爻第五爻ニツキテ世爻ヲ生合スルハ父ニ
代リテヨク家ヲ治ムル子トスモシ世爻ヲ沖克スルハ悖逆
不肖ニシテ父ノ業ヲツクヘカラス○第二爻ヲ婦トス姑ノ
命爻ト相刑シ相沖スルハ不孝トス生合スルハ孝順トス○
世爻身爻ト日辰又ハ動爻ト同シテ十二支ニテモニ命爻ヲ生

スルハ雙胎アリ○身爻絶ニアヒ又空凶ニアヒ官鬼ヨリ身

爻ヲ克スルフアルハ死凶ノ禍アリ○用神死絶ニアフテソ

ノ上日辰動爻忌煞凶神ヲ帯ヒテ克セラル、カ又ハ本爻ヲ

克セラル、ハ死凶ノ禍アリ○男ノ爻爻　発動シテ女ノ爻

爻ニ合シソノ上女ノ爻爻発動シテ男ノ爻爻ニ合スルハ淫

乱ノフアリモシ夫婦ナレハ密通シテ後ニ娶ルトス○何レ

ニテモ爻爻ニ玄武咸池ヲ帯ルハ酒色ニ耽ルトス

△年月日凶神ヲ帯ヒテ世爻又ハ卦身又ハ爻爻ヲ克スルハ

家内ノ人ニ禍アリ大歳ハ一年ノ禍月建ハ数月ノ災トス○

年月日ノ三破ニアフハ頼破トス兄弟ハ門戸墻垣子孫ハ部

屋妻財ハ勝手父母ハ坐敷官鬼ハ表坐敷トス

△三刑羊刃二ツ厄ニ　金クシテ身ヲ克シ官鬼ニ臨ム八刑罰

ニアフカ又ハ刃傷ノフアリ玄武劫殺ヲ帯ルハ盗賊トシ世

爻日辰ヲ持シ又ハ動爻ト同シクシテ應ヲ克スルハ我他人

ヲ殺ストシ應父日辰ヲ持シ又ハ動爻ト同シクシテ世ヲ克

スルハ他人我ヲ殺スモシ子孫発動スレハ凶中ニ吉アル丿

アリ

△土爻化シテ金爻トナリ金爻化シテ土爻トナルハ新ニ地

形ヲコシラヘルトス

△初爻土ニ属スルハ地形トス月日ノ沖破ニアフハ窪ミ破

レユルニ等アリ○初爻水ニ属スルハ井トス子孫妻財ヲ持

スルハ吉官鬼ヲ持シ又ハ忌神ニアフハ凶○初爻水ニ属シ

テ白虎ヲ帯ルハ橋アルフアリ子孫妻財ヲ持スルハ吉沖ニ

アフハ破ル〇初爻水ニ属シ玄武ヲ帯ルハ溝堀アルヘシ〇

初爻木ニ属シ官鬼ヲ持スルハ家近キ處ニ樹木アリテ其根

地形ノ下ニ入ルフアリ〇初爻寅ニ属シテ吉神ヲ帯ルハヨ

キ貓アリテ鼠ヲ捕ル〇初爻酉ノ爻ト生合シ又ハ刑沖克害

スルハ雞又ハ凡ノ畜鳥ノ吉凶ヲ推ス〳ヘシ〇初爻ニ官鬼父

母白虎等ノ発動ナキハ小児平安トスモシ此等ノ忌神発動

スルハ小児災アリ〇初爻ニ鬼墓ヲ持スルハ鬼墓トハ官鬼ノ墓爻ヲ云申酉ノ鬼墓トシ寅卯ノ

官鬼ハ未ヲ鬼墓トスルノ類ヲ云近邊ニ古キ墓アルフアリ

公第二爻木ニ属シテ官鬼ヲ持スルハ竃ノ上ニ横梁アルヘ

シ〇二爻木ニ属シテ金日金爻ヨリ沖セラル丶ハ鍋蓋破ル

○二爻三合會局シテ金ヲ成シテ沖セラル、ハ竃ニ破鍋ア
リ○二爻火ニ属シ官鬼ヲ持シ朱雀ヲ帯ルハ火災アリ○二
爻土ニ属シ金ニ化シ又ハ金ニ属シテ土ニ化スルハ新築作
アルヘシ○二爻父母ヲ持スルハ五行尅ニ何レニテモ興坐
敷トス旺相安静ハ吉休囚破尅ニアフハ破レ漏ル○二爻子
孫妻財ヲ持シ旺相有氣ハ其家冨饒豊足スモシ休囚破尅ニ
アフハ其家甚負シ○二爻世ヲ持シ官鬼ヲ帯ルハ其家必先
祖ノ傳来ニアラス○二爻戌ノ爻ト生克合沖スルハ其家ニ畜
フ犬ノ吉凶ヲ推スヘシ子孫妻財ヲ持スルハ吉忌煞ヲ持ス
ルハ凶○應爻ニ爻ト同シテ十二支ニアフハ他人ト同居スル
フアリ

△第三爻兄弟ヲ持スルハ門戸トスモシ卯父ノ兄　第十九時

ハ門戸トセズ牀ヲアケ或ハ二階作リトス子孫妻財ヲ持ス

ルハ美シトスモシ騰蛇官鬼ヲ帯ルハ其婦女意外ニ驚クフ

ナトアリ○三爻官鬼ヲ持スルハ祠堂トスモシ金父ノ官鬼

ナレハ祭器破損スモシ木父官鬼青龍ヲ帯ヒテ旺相スルハ

神主祭器美シトス○三爻モシ日月又ハ動爻ニ冲克セラル

、ハ其家小門ヲ通用シテ本門ヲ出入ヘセス○三爻モシ第四

爻ニ発動シテ冲克セラル、ハ門戸ト門戸ト相向フテ其間

ヲ通行スルフナトアリ○三爻四爻モニ兄爭ヲ持スルハ其

家少ク門戸多ク金銀耗散スルノ象

△第四爻兄弟ヲ持スルハ戸トスモシ第二爻ト合スルハ動

静尼二大門トス○四爻兄弟ヲ持ストイヘ圧玄武ヲ帯ルハ
戸トセス池水アリテ浸スヘシモシ二爻ヲ沖克スルハ家居
ニサ、ハル○四爻兄弟ヲ持ストイヘ圧騰蛇ヲ帯ルハ戸ト
セス隣家ノ雪隠又ハ土トリ穴ナト障リトナルファリ○四
爻官鬼ヲ持シ玄武ヲ帯ルハ門破レ又ハ見クルシ○四爻官
鬼ヲ持シ朱雀ヲ帯ルハ訟アリ○四爻青龍ヲ帯ヒ妻財子孫
ヲ持シテ二爻ト生合スルハ門新ニシテ美シ○四爻日月又
ハ動爻ノ沖克ニアフハ小門ヲ通用シテ大門ヲ出入セス○
四爻旬空又ハ月破ニアフハ大門ナキカ又ハ門破ルヽトス
△第五爻ヲ人トス二爻ヲ克スルハ家内安穏然レモ発動シ
テ克スルハヨロシカラス○五爻ヲ宗領ノ子トスモシ官鬼

ヲ持シテ白虎騰蛇ヲ帯ルハ宗領ニ障リアリ○五爻モシ白

虎ノ爻ニ発動シテ刑冲克害セラル、ハ其家瘤疾驚風ヲ慮

ルモノアリ○五爻陰爻ニシテ世ヲ持スルハ其家婦人家事

ヲ主トル○五爻妻財ニシテ世ヲ持スルハ其人ヘ壻トナル

コトアリ○五爻モシ二爻ト生合シ又ハ世爻ト生合スルハ

ン○五爻水ニ属シテ二爻ト冲破克害セラル、ハ夫婦恩情十

延營ニ水アリモシ兄弟ヲ持スルハ垣ノ内ニ穴ナトアリテ

障リトナルコトアリ○丑ノ爻発動シテ五爻ヲ克スル故又ハ

五爻ト相刑克スルハ牛ヲ畜フニ不利

公上爻妻財ヲ持スルハ奴僕トスモシ旬空月破ニアフハ奴

僕用ニタ、ズ○上爻日辰又ハ卦中ノ爻ニ冲セラル、ハ奴

僕妣亡スルァアリ○上爻父母ヲ持スルハ祖父母等ースモ

シ陽爻ニシテ木ニ属スルハ棟梁トス陰爻ニン

ヲ木ニ属スルハ庭柱トス其生克合冲等ヲ以テ吉凶ヲ断フ

○上爻父母ヲ持シテ土ニ属スルハ塀垣トス○上爻ニ官鬼

ヲ持シテ朱雀ヲ帯ルハ女人癆瘤ヲロツラフフアリ○上爻

卯木ヲ持スルハ籬籬トス生剋合冲ヲ以テ吉凶ヲ断スモシ

卯木空亡ニアフハコレマテ籬アリシトスモシ発動シテ世

ヲ克スルハ凶生合スルハ吉○上爻ニ酉金ヲ持シテ月日又

ハ動爻ニ冲セラルハ其家破鍋アリ○上爻モシ鬼墓ヲ持

スルハ墓地トス○上爻ニ卦身又ハ世爻アルハンノ人父祖

ノ家ヲ離レテ新ニ家ヲ成ス

種作并田圃

種作

種作ノ占法ハ妻財ヲ五穀并スヘテ種ルモノトシ官鬼ヲ災

禍トシ應ヲ天トシ世ヲ地トシヌ作人トスモシ田地ヲ占フ

ハ父母ヲ以テ用神トス別ニ一卦ヲ起シテ斷スヘシ

公妻財爻発動スルハ官鬼ニ氣アリテ損耗アリ故ニ安静ヲ

吉トス但子孫ニ化スルハ発動トイヘ圧吉トス○妻財旺相

シテ子孫ニ化スルハ豐熟トス○妻財旺相ニ臨ムハ時ライ

ソキテ作ニ收メヲナスヘシモシ逢ケレハ收納少シ○妻財

重疊大過スルハ多ク土ヲカケルニ利シカラスモシ兄弟動

カスシテ子孫発動スレハ多ク土ヲカケルホハ宜シトス○

妻財卦中ニ現セスヌハ空破墓絶ニアヒ或ハ休囚氣ナキハ

皆凶○動父妻財ニ化スルハ吉

△子孫旺相発動スルハ吉○子孫発動シテ官鬼ニ化スルハ

始ハ茂リテ終ハ空虚ス○子孫世爻卦身ヲ持シテ妻財ニ刑

克ナキハ其物牧納多シ○子孫空凶ニアフハ損耗アリ

△兄弟発動スルハ豊熟セサルカ又ハ種々夫食等ニ乏シモシ

子孫モ亦発動スルハ貪生忘克トス却テ全熟トス○兄弟発

動シテ妻財ニ化スルハ始ニ損傷アリトイヘ圧後ニ吉トス

△父母発動スルハ辛勤苦労ス牧納モ減スヘシ○父母発動

シテ妻財又ハ子孫ニ化スルハ辛苦スレハ牧納多シ

△官鬼木ニ属シテ発動シテ世身ヲ克スルハ風ニ妨ケラル

モシ水爻ニ化スルカ又ハ水爻ト同ク発動スルハ大風海漲

洪水等ノ災アリモシ発動セサルハミノリヨロシカラスモ
シ又子孫発動セス妻財休囚氣ナクシテ木爻ノ官鬼ニアフ
ハ花アルノミニテミノラズ○官鬼火ニ属シ旺相シテ発動
スルハ水ニ事カク〳〵シモシ世爻又ハ卦身ヲ刑冲克害スレ
ハ苗枯ル制スルモノアラハ妨ケス○官鬼土ニ属シテ発動
スルハ水旱ト、ノハス又ハ村郷ニ障アルカ又ハ不熟トス
○官鬼金ニ属シ発動シテ世爻卦身ヲ克スルハ虫ツキノ災
アリモシ世爻卦身ヲ克セスシテ妻財安静旺相スルハ害ヲ
ナサス○官鬼水ニ属シ旺相シテ発動スルハ苗朽トスモシ
月日動爻ヨリ生扶アル寸ハ洪水ニ漂サル、○官鬼子孫ニ
化スルハ先ニ傷損アリテ後ニハ意ノ如クナルヘシ○官鬼

二爻ニアルハ春作ニ障アリ五爻ニアルハ秋取ニ障アリ

△田畑ヲ占フハ別ニ一卦ヲ起シテ父母ヲ以テ用神トスモ

シ父母外卦ニアルハ其田高キ處ニアリ内卦ニアルハ低シ

生旺スルハ肥田トシ墓絶ニアフハ瘠田トス木ニ偶スルハ

田形長シ土ニ属スルハ田形短シ大ニ属スルハ乾キ地トシ

水ニ属スルハ濕地トシ金ニ属スルハ沙地トシ日辰ヨリ沖

克スルハ人ノ欲セサル田地トシ生合スルハ上田トス○父

母乾宮ニアルハ下卦ニアリトイ〈厄地高キ處トス○父母

兌宮ニアルハ其邊ニ用水堀アルカ又ハ池沼ナトニ近シト

ス○父母離宮ニアルハ旱ニアフテ水不自由ナル處トス○

父母震巽ノ宮ニアルハ其邊ニ樹木アリ○父母坎宮ニアル

ハ江河ノ近邊ナルヘシ○父母艮宮ニアルハ山ニ近キ田地
ナルヘシ○父母坤宮ニアルハ村里ニ近キ田地トス○父母
陽卦ノ陽爻ニアルハ或ハ公義ノ田地ナルヘシ○父母化シ
テ子孫又ハ妻財トナルハ善地ニシテ堺堀等モ明白トス償
モ高シ○父母化シテ兄弟トナルハ價賤ク又堺モ明白ナラ
ス或ハ他人ノ田地トハ組テアルカモシ卦身ニツクハ寄合
ニ作ル田地ナルヘシ○父母化シテ官鬼トナルハ悪田トス
⊕父母安静ニシテ衰弱ノ動又ヨリ冲セラルヽハ新ニ開発
スルノ田地トス○父母衰弱ニシテ発動スルモ亦新発ノ田
トス○父母大歳又ハ月建ヲ持スルハ父祖傳来ノ田地トス
○父母世又ニツキテ発動スルハ其田地ニ改メ變スルフアル

リ○父母空凶ニ化スルカ又ハ空凶シテ應爻ニ合スルハ他

ヘ賣渡スフアルヘシ○父母空凶ニアフハウヘ付ク成リ難

キ田地カ又ハ已ニ物成ヲ牧ムルフナラサル田地トス○卦

中ニ父母両爻アルカ又ハ化出シテ兩爻アルカ又ハ卦身両

爻アルハ皆両處ノ田地ヲ耕ストス○日辰又ハ動爻ヨリ父

母ヲ沖克スルハ其田平ナラス或ハ牛馬又ハ徃来ノ人ノフ

ミアラシタル田地ナルヘシ○卦中ニ父母ナクシテ世爻化

シテ父母トナルハ自己ノ手ニ入レトリタル田地トス○卦中

ニ父母ナクシテ妻財化シテ父母トナルハ妻ノ化粧料ニ附

ケ来ル田地トス○卦中ニ父母ナクシテ兄弟化シテ父母ト

ナルハ寄合ニ作ル田地トス○卦中ニ父母ナクシテ官鬼化

シテ父母トナルハ公義ノ田地トス○卦中ニ父母ナクシテ

應爻化シテ父母トナルハ他人ノ田地トス○官鬼両爻アリ

テ出現スルカ又ハ官鬼應爻ニツキテ発動シテ世爻ニ合ス

ルカ又ハ日辰官鬼ヲ帯テ世爻ト合スルカ又ハ兄弟ニ合セ

ラレ併セラルハ皆寄合ノ耕作トスルフアリ○入作ノ田地

ヲ占フニ父母出現スルハソノ卦官ニヨリテ何人ノ田地ナ

ルフヲ知ルヘシモシ伏藏スルハ兄弟ノ下ニアレハ鄰家組

合等ノ田トシルノ類モシ動爻変メ父母トナルハ動爻ニヨ

リテシルヘシ妻財発動シテ化スルハ婦人ノ田地トスルノ

類ナリ

△初爻旺相スルハ種沢山ニアリ空匕ニアフハ不足ス○四

父旺相スルハ牛馬強シ空匕ニアフハ牛馬ナシ空匕トイヘ

匕子孫ニ化スルカ又ハ丑父午父ニ化シテ應父ト合スルハ

人ノ牛馬ヲカリテ用ユルナルヘシ

養蠶

養蠶ノ占法子孫ヲ蠶トシ妻財ヲ絲繭トシ又桑葉ノ價トシ

又養蠶ノ婦女トス

△子孫旺相発動シテ刑沖克害ナクレハ蠶苗盛ナリトス○

子孫衰弱トイヘ〳匕日辰動父ノ生扶拱合アルハ大吉○三合

會局シテ子孫ヲナスハ大吉○子孫己午ノ二父ニツクハ大

吉○子孫水ニ屬スルハ夏蠶ヲ養フニハ却テ吉○子孫安静

出現シテ日辰又ハ動父ニ沖セラルヽハワケル寸ニ損シソ

コチルフヮ用心スヘシ

△妻財ヲ絲繭トス旺相シテ生合アリ沖克ナタレハ絲繭多

シ○三合會局シテ妻財ヲナスハ大吉○妻財休囚死絶ニア

ヒ又ハ日辰動メニ刑沖克害セラルヽハヨキ繭ナク又ヨキ

絲ナシ○妻財ヲ又養蠶ノ婦女トス大歳ヲ持スルハ功者ナ

ル人トス子孫ニ化スルハ念ヲヘルヽトス父母ニ化スルハ

不得手ニテナリ難シ官鬼ニ化人ルハ病アリ兄第ニ化シ又

ハ墓絶ニ化スルハ災難アリ子孫胎ニツクカ又ハ子孫胎ニ

化スルハ孕ムコアリ應メ官鬼ヲ持シテ妻財ト合スルハ其

婦他人ト密通ノ情アリモシ沖克ニアフハ其事露顯ス

△兄弟卦身ニツクハ桑葉ヲ多ク費ス○兄弟発動シテ世ヲ

冲克スルハ養ヒ手アテ、カズ絲ノトリ牧メ少シ〇兄

弟死絶ニアヒ又ハ空匕伏藏安静ナルハ絲ヲ望ムノ占ニハ

吉蠶ハカリヲ占フ寸ハ凶桑葉ノ價ヲ占フハ貴シ

ム父母世爻掛身ニツクハ安静トイヘモ辛労セサレハナフ

ス〇父母発動シテ妻財ニ化スルハ吉〇三合會局シテ父母

ヲナスハ大凶〇蠶室ヲ占フモ父母ヲ用神トス旺相生扶ス

ルハ堅固トス死絶刑害ニアフハ破敗トス水爻自刑ヲ帯ル

ハ雨漏トス父母爻水ニ化シ水爻父母ニ化スルモ亦同シ

△官鬼発動シテ木ニ属スルハ窓障子戸口等ヨリ風入リテ

蠶ヲ害ス〇官鬼発動シテ火ニ属スルハ火災ノ用心アルヘ

シ然ラスハ大熱ニテ風イラサルニヨリテ害ス〇官鬼発動

シテ土ニ属スルハ寒煖ノ加減アシク又ハ葉ヲカケルフ均

シカラスシテ眠起均シカラス又ハワケルフ遅クシテ蚕沙

ニ熱氣ヲ発シ蒸シテ害スルノ類○官鬼発動シテ金ニ属ス

ルハ霧露アリテ蚕多ク死ス○官鬼発動シテ水ニ属スルハ

濕葉ヲ食フテ蚕澗利ス○官鬼発動スルハスヘテ損耗アリ

モシ子孫ニ化スルハ妨ナシトイヘ圧驚クフアリ○三合會

匂シテ官鬼ヲナスハ太山○卦中タヘテ官鬼ナケレハ甚安

平トス

今日辰ヨリノ世爻卦身ヲ沖克スルカ又ハ應爻発動シテ克ス

ルハ穢レタル人蚕室ニ入リテ蚕ヲ変壊スルフアリ

六畜

六畜ヲ養フノ占法子孫ヲ以テ用神トシ妻財ヲ償トス

△子孫旺相氣アリテ空セサルハ 育シ易ク又長ク養フフヲ

得○子孫休囚墓絶或ハ空凶ニアヒ或ハ卦中ニナキハ決シ

テ用ヲナサス畜フヘカラス○子孫旺相スルハ肥トシ休囚

ハ瘦トス発動スルハ強健トス○子孫世爻ヲ生合スル

ハ善ク擾キ又我ニ益アリ沖克スルハ性アシクナツカズ○

子孫刑ヲ帯ハ必破相アリ○子孫官鬼ニ冲セラル、モ亦

病アリ○子孫爻日月動爻ヨリ並ニ刑克スルハ病死ス○畜

類ヲ賣リ離フフヲ占フニハ子孫発動スルハ子ヲ産ムフ多シ

トス世爻ヲ生合スルハ賣レ易シ世爻ヲ冲克スルハ離ニナ

ラス○子孫鬼墓ニ臨ムハ病アリ○子孫化シテ兄弟トナル

心一堂術數古籍珍本叢刊　占筮類

ハ食細クロヲゴルヽトス○子孫化シテ妻財トナルハ食粗ク

口雜トス○子孫発動スルハ良畜トスモシ父母ニ化スルハ

人コレヲ使フニイタワル心ナキユヘ害ヲナストヽ人○子孫

化シテ官鬼トナルハ後日人ニ盗マルヽカ又ハ病死ス

△妻財ヲカトシヌ利トス旺相スルハカ強ク善ク走リ又利

多シ休囚墓絶ニアフハカ弱ク利薄ン○妻財出現不空氣ア

リ世ヲ持シ世ヲ生合シテ兄弟官鬼ニ化セサルハ利アリ絶

ニ化シ克ニ化スル類ハ利ナシ○妻財化シテ兄弟トナルハ

人ノヤシナヒトヽカズシテ飢ヲ致ス○妻財化シテ空凶ニ

アフハ暫時ヨロシクシテ久遠ノ用ヲナサス

△父母発動スルハ損傷アリソノ上子孫氣ナク絶ニアフハ

亦死スヽヘ亦テ辛労アリ

△兄弟発動スルハソタ千難シモシ子孫亦動ケハ養ヒ易ク

亦利多シ○兄弟官鬼トモニ発動スルカ又ハ官鬼化シテ兄

弟トナルハ此畜ニヨリテ口舌アルヘシ

△官鬼発動シテ木ニ属スルハ結草ノ病アリ○官鬼発動シ

テ火ニ属スルハ暑熱ヲ畏ル○官鬼発動シテ土ニ属スルハ

瘟病ラウク○官鬼発動シテ金ニ属スルハ脾胃ノサヽツリ

アリモシ世爻ヲ剋スルハ側ヘヨリサワルフナラスソノ上

世爻又絶ニアフハ怪我ニアフヘシ○官鬼発動シテ水ニ属

スルハ寒病アリ○官鬼朱雀ヲ帯ヒテ発動スルハ口舌争訟

アリ○官鬼騰蛇ヲ帯テ発動スルハ後日此畜怪異驚駭アリ

○官鬼白虎ヲ帯テ発動スルハ跌キタヲルヽ「等アリ○官

鬼玄武ヲ帯テ発動スルハ盜ノ用心アルヘシ

公世又空凶ニアフハ必意ニカナハズ又始アリテ終ナシ

公形体ハ八卦ニヨリテ分千毛色ハ六神ヲ以テ辨ス○乾ヲ

頭トシ兌ヲロトシ離ヲ目トシ震ヲ前足トシ巽ヲ腰トシ坎

ヲ耳トシ艮ヲ後足トシ坤ヲ腹トス○青龍ハ青朱雀ハ赤勾

陳騰蛇ハ倶ニ黄白虎ハ白玄武ハ黒トス○子孫アル处ノ八

卦六神ヲ本身ノ色トシ発動シテ生克スルハ卦六神ヲ以テ

別處ノ興色トスタトヘ八子孫玄武ニ臨ミ乾宮ニアリテ坤

宮ヨリ動キテ克セラルヽ八黒身ニシテ黄足トス又艮宮ニ

子孫アリテ白虎ヨリ動キテ克セラルヽ八黄身白足トスル

ノ類凡ク克セラル、處ハ生セラル、處ヨリ多シ克スルカハ

強キユヘナリ衰弱ノ處ハ旺相ノ處ヨリ少シ

△牝牡雌雄ヲ分ツハ子孫陰ニ屬シ陽ニ屬スルヲ以テ辨ス

△子孫ノ胎爻卦身ニツクハ胎アルノ畜トス子孫爻胎爻ニ

化スルモ亦同シ○子孫ノ胎爻又ハ養爻ノ世爻ニツクハ駒

馬犢牛羔羊子雛雜ノ類トス

△畜類ノ病ヲ療スルヲ占フハ子孫旺相有氣テ刑克ニアハ

又雨メ父母官鬼休囚墓絶ニアフハ吉或ハ發動スル圧制ス

ル者アルハ妨ケス

五行易指南卷之五 終

虎門　鼓缶子　述

求師

師ヲ求ルノ占法其門人トナルヘキ人自ラ占フニハ父母ヲ
ステ用神トスモシ父兄タル人又ハ他人ニテモ旁ヨリ其門
人トナルヘキ人ノ為ニ占フハ皆應爻ヲ以テ用神トス唯五
類ニ属スル人ナル寸ハスナワチ五類ノ属ヲ以テ用神トス
而メ道學又ハ詩文連誹凡ノ文事ハ父母ヲ以テ書籍トシ又
學カノ淺深トシ弓砲刀槍凡ノ武藝ハ官鬼ヲ以テ武器トシ
又修行ノ鍛錬トス唯馬術ハ子孫ヲ以テ馬トナスヘシ其他
百工ハ妻財ヲ用神トシ亂舞狂言茶湯挿花ノ類ハ子孫ヲ以

テ用神トス是其事ニヨリテ各同シカラストイヘ氏弟子タ

ル者師ヲ以テ父母トスルハスヘテ異ナルヿナシ

△用神旺相スルハ其師模範トナルノオ器アリ休囚スルハ

人ヲ導クノオ器ニ乏シ○用神安静ニヨロシク発動ニ不利

旺相ニヨロシク空凶ニ不利○用神発動シテ空凶ニアフハ

誠實少シ安静ニシテ空凶ニアフハ教導ニ懶シ発動シテ空

凶ニ化スルモ亦同シ○用神又ハ卦身ニ大歳ヲ持スルハ専

ヲ人ヲ教ルヲ業トシテ束修ヲ以テ身家ヲ養フ人トス○用

神月建ヲ持シテ青龍ヲ帯ルハ永ク存生シテ教ル人トス○

父母卦身ニツクカ又ハ旺相生扶スルハオ學衆ニ起ヘタル

人トス○用神世爻ト生合スルハカ子テ親シキ人トスモシ

世爻ト同官ニ非ルハシリ人トス○用神本宮ニアルハノ八

慶ノ人他官ニアルハ他處ノ人外卦ニアルハ遠方内卦ニア

ル八近呼トス○父母他官ノ外卦ニアリ安静ニシテ子孫発

動シテ合スルハ游學シテ随身スルトス○卦中ニ父母アリ

テ本宮ノ変卦ニ父母爻又アラハルヽハ妻財ヨリ化スルヲ

妻ノ家ヨリ別ノ師ヲ、ノ來ルトシ兄弟ヨリ化スルヲ朋

友ヨリ別ノ師ヲトリモットス○父母應爻ニツキ世爻発動

シテコレヲ生合スルハ他ノ家ニ請待スル師ニツキテ徃テ

學ハントス○用神化シテ官鬼トナルハ其人後ニ貴ノナル

ヘシモシ白虎ヲ帯ルハ病アル人トス○父母化シテ官鬼ト

ナリテ世爻ヲ刑冲克害スルハ後日争訟アリ○父母化シテ

王街多押角巻六

子孫トナルハ文章ヲカク人トス刑克アルハ文ヲカクトイ

ヘ厇粗漏多シモシ子子孫月建ヲ持シテ青龍ヲ帯ルハ詩又ハ

文ニ巧者トスモシ子孫ニ化シテ父母ト合スルハ其師小兒

ヲツレ來ルコアリ○父母発動シテ白虎又ハ刑ヲ帯ルハ過

嚴ニシテ弟子トナリ难シ○用神墓ニ入ルハ其師安逸ヲ好

ミ教導ニス、マス或ハ未熟ノ業トス墓ニ化シ空匕ニ化ス

ルモ亦同シモシ日辰ヨリ墓ヲ沖スルハシカラス○用神白

虎ヲ帯ヒテ其上刑ヲ帯ルハ過嚴ニシテ慈愛少ナキ人トス

○父母子孫ノ下ニ伏藏スルハ先年寺院ナトニ居タル人ト

スルコアリ○父母世爻ノ下ニ伏藏スルハ昔ノ師トス

△官鬼発動シテ世爻子孫ヲ刑克スルハ凶モシノノ上妻財

発動シ官鬼ヲ生合シテ助ルハ殊ニ大凶○官鬼化シテ兄弟
トナリ兄弟化シテ官鬼トナルハ何レニテモ奸詐アリトス
モシ世爻ヲ刑克スルハ口舌アリ○官鬼化シテ父母トナル
ハ後日爭訟アリ或ハ官鬼父母ノ二ニ發動シテ世ヲ刑沖克害
スルモ亦同シ○卦中官鬼ナキハ武術未熟トス
△子孫氣アリテ空凶ニアハサルハ吉モシ其上月日動爻ノ
生合アルハ學問進益スモシ父母又ハ應爻用神トスルモノ
却テ衰弱ナルハ師匠ニマサルトス
△世應尅ニ發動スルハ其師ヲ両家ヨリ請待セントス両爻
尅ニ空ニアフハ何レモ成ラス○父タル人子爭ヲ師ニ託ス
ルヲ占フハ世ヲ我トシ應ヲ師トシ子孫ヲ子爭トスモシ

世爻子孫丙ニ刑克ニアフハ後日禍害アリ

△離乾坤ノ三宮ニ父母アルハ專經ノ師トシ兌震巽坎艮ノ

五宮ニ父母アルハ雜學ノ師トス

授徒

凡諸ノ指南ヲ事トシ門弟ヲ聚ルハ文武大小ニ拘ラスコレ

ヲ徒ニ授ルト云其占法世爻ヲ己トシテ子孫ヲ門人トシ應爻

ヲ稽古所ノ主人トスモシ我家ニ居テ教ルハ應爻ヲ論セス

而ノ妻財ヲ謝物トシ兄弟ヲ同術同藝ノ師タル人トス

△子孫旺相スルハ門弟多シ休囚スルハ少シ○子孫衰弱ト

イヘ丙日辰又ハ動爻ノ生合扶助アルハ學徒始ニ不多トイ

ヘ丙後ニ段々盛ナルヘシ○子孫發動シテ日辰又ハ動爻ニ

冲セラル、ハ門爭ノ内ニ師ニ背キテ去ル者アリモシ世爻
二冲セラル、ハ先生ヨリ退クルトス○子孫青龍ヲ帯ヒ月
建ノ生合ヲ得テソノ上金爻水爻ニ属スルハ非常ニ聰明伶
俐ナル門爭アルヘシ○子孫白虎ヲ帯ル八尾庸ノ門爭多シ
○子孫陽卦ノ陽爻ニツキ金爻又ハ水爻ニ属シテ旺相シテ
生扶アリ空匕ニアハサルハ接群ノ童子アリ○子孫陰卦ノ
陰爻ニツクハ女人ノ門爭アルヘシ○子孫両爻アリテ匕ニ
発動シテ相冲スルハ門爭ノ輩互ニ其志合ハサル者アリモ
シ世爻ヲ刑冲尅害スルハ其事ニヨリテ先生マテニ及フフ
アリモシ両子孫匕ニ世爻ヲ生合スルハ皆弟子ノ禮ヲ失ハ
ズ

△妻財ヲ東修謝物トス旺相シテ伏藏セス日月動爻ノ傷克

ナキハ缺ルコナシ○妻財発動スルハ請待セラル、コヲ占

フニハ父母ヲ克スル故ニ成ルヘカラストス成ルトモ凶ト

ス○妻財氣ナシトイヘ圧日辰又ハ動爻ノ生扶拱合ニアフ

ハ入門ノ禮物爻シトイヘ圧節々ノ謝物ハヨロシトス○妻

財絶ニアヒ又ハ克ニアヒ又ハ空巳ニアヒ又ハ墓ニ入リ又

ハ伏藏スル類ハ謝物其薄シ○妻財化シテ兄弟トナルハ名

目ノミニテ謝物爻シ○妻財化シテ父母トナルハ金銀ヲ以

テ謝物トス父母化シテ妻財トナルモ亦同シ○月建日辰動

爻ノ内ニ妻財ヲ生合スルハ門弟マワリモチ

二膳ナトヲコシラヘ出ストス旺相スルハ厚ク休囚スルハ

薄シ○卦中ニ妻財ナクシテ兄弟官鬼等化シテ妻財トナリ

テ世爻ヲ生合スルハ訟ニ及ヒテ謝物ヲ得ルコアリ

△父母ヲ稽古所トス旺相スルハヨキ家作トス○卦中ニ父

母ナク或ハ空凶ニアフハ稽古所ナシ○請待スル主人ヲ占

フニ父母休囚シテ空凶ニアフハソノ人父母ナシモシ旺相

スルカ又ハ發動スルカ又ハ沖ニアフハ空凶ニアフトイヘ

厄片親アルヘシ

△兄弟間爻ニアリテ發動シテ世爻ヲ沖克スルハ妨ケヲナ

スモノアリ○兄弟卦身ニツクハ世話スル人ニ禮物ヲ贈リ

テ後請待セラル、コト、ノフヘシ

△官鬼発動スルハ障アリモシ吉神ヲ帯ヒテ世爻又ハ卦身

ヲ生合スルハ貴人ノ引タテアル丁アリ○官鬼化シテ兄弟

トナルハ世話スル人ニ禮物ヲ贈リテ後ニ請待セラル丶丁

ト、ノフヘシ○新ニ稽古所ヲトリ立ルニハ官鬼ヲ以テ門

弟ヲトリ立ル人トスモシ卦中ニ官鬼ナキカ又ハ空亡ニア

フハ世話スル者ナシトスモシ変出ノ爻ニ官鬼アルハ始ニ

ナシトイヘ厇後ニ引立ルモノアリ

△應爻ヲ稽古所ヲコシラヘ先生ヲ請待シテ久所ノ主人

トス旺相スルハ富トシ休囚スルハ貧トス○應爻旺相スル

ハ少年ノ人トス○應爻墓ニ入ルハ老年ノ人トス○應爻官

鬼ヲ持スルハ官禄アル人役人ナトノ類トスモシ貴人ヲ帯

ルハ富貴ノ人トス白虎ヲ帯ルハ病人トス○應爻父母ヲ持

シ勾陳ヲ帯ルハ農作ノ家トス朱雀ヲ帯ルハ讀書スヘテ文

真ヲ克トスル家トス白虎ヲ帯ルハ穢多又ハ獵師ナトノ類

トス騰蛇ヲ帯ルハ百工諸職ノ家トス○應爻子孫ヲ持シ金

爻ニ属スルハ寺院ノ類トス○應爻妻財ヲ持シ陰爻

ニアリテ卦中ニ官鬼ナキハ婦人ノ主立タル家トス化シテ

妻財トナリ又ハ子孫トナルハ商人ノ家トス○應爻妻子

孫ヲ持スルハ富貴ノ家トス○應爻世爻ト刑冲克害スルハ

後日其人ト不和トスモシ刑冲シテ生合ニ化スルハ後ニ親

クナルトス○應爻妻財ヲ持シテ世爻卦身ヲ生合スルハ朝

タノ膳ヲコシラヘテ出ストス旺相スルハ厚ク休囚スルハ

薄シ○應爻兄弟ヲ持シテ発動スルハ外ヨリ争フテ其所ニ

来ラントスル同術ノ人アルヘシ○應爻世爻ト生合比和ス
ルハ情意厚シモシ沖克ニ化スルハ後ニ不和トス○應爻子
孫ト生合比和スルハ門弟ト情意厚シモシ沖克スルハ睦シ
カラス○應爻空亡ニアフハ請待スル人ナシモシ空亡トイ
ヘ厓発動スルカ又ハ化シテ空亡トナルハ請待ストイヘ厓

實意ナシ

△世爻妻財ヲ持シテ発動スルハ請待セラルトイヘ厓自分
ニ炊キテ食フコアリ○世爻衰弱ニシテ子孫発動シ或ハ化
シテ世爻ヲ生合スルハ門弟ノ才器上達スルトス○月日又
ハ動爻変爻莘ヨリ世爻ヲ刑克スルハ不意ノ凶災アリ○世
爻空亡ニアフハスヘテ意ノ如クナラサルコアリモシ請待

スル人アリ乃成就セス○世爻卦身何レニテモ月日動爻ノ

刑克ニアフハ後日疾病アルカ又ハ人ヘテ障アリ○卦中ニ

官鬼アリテ世爻化シテ又官鬼トナルハ人ノ引タテ再三ニ

及ヒテ後請待セラルヘシ○應爻ヨリ世ヲ克スルコナク爻

母空亡ニアハス兄弟官鬼発動セスシテ月日動爻ヨリ世爻

ヲ生合スルモノナキハ請待セラル、トイヘ乃其トリアツ

カヒ疎略ナルヘシ○人ノ請待ヲ占フニ卦身兄弟ヲ持スル

ハ同術ノ人争フテ其所ニ来ルコヲ求ムルコアリ

△凡束修謝物ヲ占フニ卦身應爻子孫妻財四ツノ者空亡ニ

アヒ又ハ出現セサルハタヘテ無トス

　仕官

仕官ノ占法官鬼ヲ用神トシ妻財ヲ禄俸トシ九五ヲ君上下

シ兄弟ヲ同僚同輩トシ父母ヲ上書差紙ノ類トス

△官鬼旺相スルハ大官高禄休囚死絶スルハ小官卑職モシ

発動シテ世爻ヲ生合シ或ハ月日ヨリ生扶スルハヌキアケ

ラル丶トス○官鬼身世ニツキ或ハ動キテ世爻ヲ生合シテ

月日ノ沖克ヲ受ケサルハスヘテノ謀望意ノ如シ○官鬼発

動シテ世爻ヲ生合シ日月動変尼ニ沖克ナキハ必ヨキ誉ア

リソノ上妻財ヨリ生扶合助スルハ内徳アリモシ妻財空伏

死絶スルハ名誉アルノミニテ内徳ハナシ○官鬼月建ヲ持

シ又世爻ヲ生扶スルハ遠國往來ノ官ニアラス必京師ノ重

役ナルヘシ○官鬼発動シテ世爻ヲ刑冲克害スルハ凶禍ア

リ○官鬼発動シテ大歳月日ト同ク世爻ヲ傷克スルハ大凶

モシ世爻空亡ニアフハ速ニ避クレハ禍ヲ免ル○遠國巡行

ノ官ハ官鬼発動ニ利シ遠國當國尤ニ居付ノ官ハ安静ニ利

シモシ発動シテ子孫ニ化スルハ別官ノ者来リテ入代ル○

官鬼旺相シテ父母衰弱ナルハ小職ニアラス閑静事スクナ

キ役所トスモシ官鬼尤ニ衰弱ナルハ小官卑職トス○官鬼

卦身世爻ニツクカ又ハ世爻ノ下ニ伏藏スルハ責罰ヲウシ

トイヘ圧官職ニハ惡シナシ○官鬼卦身世爻ニ臨マズ世下ニ

伏セス又ハ世下ニ伏ストイヘ圧空亡ニアフハ必黙ラルヽ

コフアリ○官鬼子午卯酉ハ主立タル役トス寅申巳亥ハ副役

下役ノ類トス辰戌丑未ハ雑職トス○官鬼月建日辰ヲ持ス

ルハ頭分スヘテ重役トス

△父母ヲスヘテノ文書トス奉書差紙又ハ上書等ノ類旺相

ニ利シク休囚ニ不利世爻ヲ生合スル類ハスヘテ吉○父母

大歳ヲ持シ氣アリテ世爻ヲ生合スルハ上ヨリ召シ出サル

ルコトアリ○父母月建ヲ持シ氣アリテ世爻ヲ生合スルハ上

ヨリ褒美セラル、コト等アリ○父母空亡ニアフハスヘテ上

ヨ―ヨヒ出サル、ノ類カナフヘカラス

△妻財発動シテ官鬼ヲ生扶スルハ金銀等ヲ入レテ出身ヲ

望ムヘシ○妻財旺相発動シテ白虎ヲ帶ルハモシ父母衰弱

ナレハ不幸ニアフテ奉書ヲウケサルコトアリ○妻財発動シ

ラスヘテノ冲ニアフハ是アリテ俸ヲ減セラル、コトアリ○

卦中ニ妻財ナキカ又ハ伏藏シテ旬空ニアフハ宛行甚乏シ

△兄弟ヲ同役劣輩トス○兄弟発動スルハ金銀等ノ費多シ

又ハ謗ヲ受ルモシ子孫厄ニ発動スルカ又ハ子孫ニ化スル

ハ俸禄ヲ減セラルヽ「アリ○兄弟発動シテ世爻ヲ刑害ス

ルハ同役不和トス或ハ兄弟化シテ官鬼トナリテ世爻ヲ冲

克スルモ亦同シ○世爻発動シテ兄弟ヲ冲克スルハ我ヨリ

同役ヲ凌キ犯ス○兄弟世爻ニツキ卦身ニツクモスヘテ不

吉

△子孫発動スルハスヘテ意ニカナハス或ハ役ヲ放サルヽ

「アリ○スヘテ子孫ヲ官途ノ忌神トストイヘモシ大将

トナリテ敵ヲ征伐スルノ類ハ子孫発動スレハ必討勝トス

大歳月建ヨリ世爻ヲ生合スルハ恩賞アリ如此ノ時ハ官鬼

ヲ官職トセス寇賊欷讐トスル故ナリ應ヲ以テ歓トスルモ

モトヨリ一法ナリ

△世爻日辰ニ刑冲克害セラルヽハ謗ヲ受ルトス五類ニヲ

リテ其由ヲ考フヘシ兄弟ヲ帯ルハ賄ヲ貪リ又ハ取立ノキ

ヒシキ類ノ故トシ妻財ヲ帯ルハ取立テキカヌル類ノ故ト

シ子孫ヲ帯ルハ飲酒游樂ツトメシ急ルナトノ故トシ父母

ヲ帯ルハ事ノ間ニアハスユキトヽカヌナトノ故トシ官鬼

ヲ帯ルハキヒシクヤカマシキカ又ハ同役不和ノ類トスモ

シ世爻ニ月建ヲ持スレハ謗アリトイヘ圧妨ヲナサス○世

又発動シテ空匕ニアフハ其役ヲ久シクツトメスモシ巡撿

芋ノ職ナラハ却テ吉○世爻空亡ニアフテ生扶拱合スルモ
ノナキハ大難アリスヘテノ事トハハス○世爻発動シテ
日辰ヌハ動爻ニ冲セラルヽモ久シクツトナス○世爻空亡
ニアヒ六爻比ニ安静ニシテ大歳月日ヨリ冲克スルハ役ヲ
退クノ兆○世爻五爻ニツキテ空亡ニアヒ月日ノ冲克スル
ハ巡見等ノ役ナラハ途中不意ノ禍難アルヘシ
△大歳ヲ君上ノ象トス世爻卦身ヲ生合スルハ吉亥アリ冲
克スルハ賎サル、コアリ○大歳父母ニツキテ官鬼ヌハ世
爻ヲ生扶スルハ恩惠アリ殊ニ生旺スルハ大吉○大歳ノ爻
世爻ヲ傷フハ咎ヲ賎サル、コアリ殊ニ三刑ニアヒ白虎騰
蛇ヲ帯レハ召捕ラレ又ハ手鏡ナトノ類ニアフコアリ○上

書シテ事ヲ陳ヘ諫ヲ言フノ類ニ大歳ヨリ世爻ヲ刑克スル

ハ甚忌ムヘシ必禍アルヘシモシ大歳月建ヨリ世爻ヲ生合

スルハ其説ヲ聴キ用ヒラルヘシ○月建ヲ乾政ノ官トス世

父卦身ヲ生合スルハ吉沖克スルハ凶○月建ヨリ官鬼父ハ

世父ヲ扶ルハ清高ノ官トス○月建日辰ヨリ官鬼ヲ沖シテ

世父又ハ官鬼ヲ刑克スルハ役ヲ放サレ宛行ヲサシ留メラ

ル、コアリ

△凡民ヲノツカフノ役ニハ妻財旺相シテ不動父母生扶ア

リテ空亡ニアハサルヲヨキ處トスモシ妻財空亡ニアヒ又

ハ絶ニアヒ父母制ヲ受ルハ土地アシク民貧シクアツカヒ

難シ父母発動シテ世爻ニツクハ事繁シ兄弟世爻ニツクハ

物成運上等取タ、ス或ハ民貧ク治ノ難シ

△鎮守警固ノ類ノ職ハ六爻安静ニ利シ又月建日辰ノ克ナ
ケレハ安然無憂トスモシ官鬼発動シ世應相冲克スル類ハ
必變動多シ

△僧官又ハ医官ノ占ニハ子孫ヲ以テ用神トス父母発動
レハ用神ヲ害ス殊ニ医官ハ藥ノ切アラハレス世爻ヲ生ス
ルハ吉刑冲克害スル類ハヨ〳〵ク分別アルヘシ

　　求財

金銭財物ヲ管ミ求ルノ術多端ニシテ一ナラストイヘ圧其
大要皆妻財ヲ本トシ子孫ヲ利益トス借貸又ハ賭ノ勝負或
ハ凡ノ高賣等ハ世應ヲ以テ考フヘシ而ノコレ亦皆妻才子

孫ヲスツヘカラス、

△妻財旺相シテ子孫発動スルハスヘテ意ノ如シ○子孫発

動シ妻財世爻又ハ卦身ヲ生合スルハ求ルニ従フテ必得テ

盡キサルノ象トス妻財化シテ子孫トナルモ亦然リ○妻財

世爻ニツクハ氣ナシトイヘ圧得ヤスシ○妻財旺相シテ世

爻ヲ持スルカ又ハ世爻ヲ生合スルハ必得ルモシ日辰ニ克

セラル、ハ其日ヲ過テ得ヘシ○妻財世ヲ持シ世ヲ克シ世

ヲ生合スル類ハ得ヤスシシカラスシテ世爻ニカ、リアハ

サルハ得难シ○妻財世爻ニツクハ求メヤスシトイヘ圧モ

シ空亡ニアフハ自ラ疑惑シテ進マサル故ニ得ス○妻財発

動シテ世ヲ生合スルハ得ヤスシトイヘ圧モシ日辰又ハ動

ﾟヨリ妻財ヲ合住スルハオサヘル人アリテニハカニ我手

ニ入ラスオサヘル人ハ何人ナルヿヲシラント欲セハ五類

ヲ以テ考フヘシ〇兄弟ニ合住セラル、友ナト妨ルトスルハ朋ノ類何レノ日ニ至リ

テ手ニ入ルト云ヲシラント欲セハ冲ニアフノ日ヲ待ツヘ

シ〇妻財子孫圧ニ伏藏空凶スルハ決シテ得ス〇妻財伏藏

ストイヘモ子孫兄弟圧ニ発動スルハ却テ得ヘシ〇妻財子

孫空凶伏藏墓絶刑克ニアフテ生扶拱合スルモノナキハ何

車モ皆カナハス〇三合會局シテ妻財ヲ成シ発動シテ世爻

ヲ生スルハ財利窮ナシモシ妻財旺相スレハ財利萬倍トス

〇三合會局シテ子孫ヲ成シ発動シテ世爻ヲ生スルモ亦同

シ〇正卦変卦ニ妻財三四爻モ出現スルハ大過ト云却テ得

雖ンモシ妻財ノ墓父世爻又ハ卦身ヲ持スルハ大利ヲ得ヘ

シ○正卦変卦氏ニ妻財ナキカ又ハアリトイヘ氏空亡ニア

フテ其上伏藏スルハスヘテ本ナキ故ニ求ル了ナラズ○妻

財子孫大歳ヲ持スルハ其年中利多シ○妻財化シテ官思ト

ナリ又ハ兄弟トナルハ損失多ク不吉モシ世爻ヲ傷フハ財

ニヨリテ禍ヲ致ス○人ト寄合ニ高賣スルニ世應氏ニ妻財

ヲ持スルハ意ノ如シ

△父母兄弟氏ニ発動スルハ決シテ得ズ○父母兄弟氏ニ氣

アルハ本ヲ損スルノ恐アリ○父母化シテ妻財トナルハ辛

苦シテ得ヘシ○父母大歳ヲ持スルハ其年中辛苦ス、

△兄弟卦身ニツキ又ハ世爻ニツクハ何ノ高賣ニテモ利ナ

シ○兄弟世爻ニツキテ発動スルハ殊ニヨロシカラス○兄

弟重畳大過スルハ子孫発動スレハ大吉子孫安静ナレハ凶

○兄弟官鬼尅ニ発動スルハ口舌アリ○兄弟大歳ヲ持スル

ハ其年中利ナシ○兄弟化シテ妻財トナルハ先ニハ不利後

ニハ利アリ○人ト寄合ニ商賣スルニハ兄弟ヲ忌ムコトナシ

但発動スルハヨロシカラス

△官鬼発動スルハ障アリ○官鬼ナキハ却テ損耗多シ○官

鬼化シテ妻財トナリ世爻卦身ヲ生合スルハ公邊又ハ貴人

ニ求ムルカ或ハ藝能アル人ハ十分得ルトスモシ世爻卦身

ヲ克スルハ助鬼傷身トススヘテ凶○官鬼玄武ヲ帯ヒ発動

シテ世ヲ克スルハ往來シテ商賣スル者ナトニハ盗賊ノ难

アルヘシ○官鬼第二爻ニアリテ発動スルハ家ニ居テ財ヲ

求ル者必障アリ火ノ官鬼ナラハトモシ火ナト用心スヘシ

モシ子孫世爻ニツクハ妨ナシ左ナクテ子孫発動スルハ店

ヲ替ヘテヨシ○官鬼第五爻ニアリテ発動スルハ旅ニ出テ

財ヲ求ル者必障アリ白虎ヲ帯ルハ風波ノ难玄武ヲ帯ルハ

盗賊ノ难トスルノ類

△藝能ヲ以テ財ヲ求ル者ハ官鬼発動シテ世爻ヲ生合スル

ヲ吉トスモシ世爻ヲ刑克スルハ大凶

△公邊ヨリ財ヲ求ルニハ官鬼発動ヲ忌ム「ナシ旺相シテ

世爻ヲ生合スルハ得ヘシモシ世爻ヲ刑克スルハ禍速ニ至

ル

△人ニ求ムル財ハ其用神日辰動爻ノ刑克アリ或ハ空亡ニ
アヒ或ハ空亡ニ化スル類ハ出會セス出會スルトイヘモト
トノハス

△人ニカシタル財ハ世應卮ニ兄弟ヲ持スルカ又ハ世應卮
ニ空亡ニアフハ取得スモシ其上ニ妻財絶ニアフハ本卮ニ
スキトナクナルヘシ

△人ニ物ヲカルヿヲ占フハ應爻空亡ニアフハトヽノハス
モシ其カル物ノ父 金錢ハ妻財衣服ハ父母 ヲ用神トスルノ類ヲ云 空亡セスハユル
ヤカニ求メテ得ルヿアラン

△賭ノ勝負ヲ占フハ世強ク應弱キカ又ハ世ヨリ應ヲ克ス
ルハ勝トス世弱ク應強キカ又ハ應ヨリ世ヲ克スルハ貟ト

ス○世應爻ニ空亡安静ナルハ勝負ナシ○世爻官鬼ヲ持ス

ルハ彼ヨリ我ヲタバカルコトヲ防クヘシ○官鬼兄爭發

動シテ世爻ヲ克シ又ハ世爻兄爭ヲ持シ又ハ世爻空亡ニア

フモ負トス○間爻ニ官鬼兄爭アリテ發動スルハ爭アルコ

多シ

△店ヲ開キ高賣ヲスルヲ占フハ世應爻ニ空亡ニアハス妻

財子孫ニ缺ルコトナク官鬼氣アリテ安静ニ父母衰弱ニシテ

安静ナルヲ大吉トスモシ其上ニモ日月動爻ヨリ世爻ヲ生

合スルコアルハ大ニ繁昌スヘシ○應爻空亡ニアヘハ買人

少シ○官鬼兄爭發動スルハ口舌等アリ

△物ヲ買ヒ蓄ルコヲ占フハ諸爻爻ニスヘテ安静ニヨロシ

唯子孫ハ發動スルヲ吉トス○妻財發動スルハ變アルヘシ

○妻財空凶ニアフハ損失ナトアリ○官鬼發動スルハ不意

ノ禍アルヘシ○父母化シテ官鬼トナリテ世ヲ刑克スルハ

雨ニヌレ朽ルノ類ヲ防クヘシ

△物ヲ賣リ出スコヲ占フハ妻財發動スルハ賣レ易シ○世

爻發動スルモ亦賣レヤスシ○妻財外卦ニアリテ發動シテ

世ヲ生スルハ他ヘ出シテ賣ルヘシ○内卦ニアリテ發動シテ

世ヲ生スルハ其處ニテ賣ルヘシ○妻財世爻ニツキ子孫外

卦ニアリテ發動スルモ他ヘ出シテ賣ルヘシ

△フリ賣ノ商ニ應爻空凶ニアフハ利ナシ

△スヘテノ賣買ニ應ヨリ世ヲ生合スルハ成リヤスク世ヲ

刑克スルハ难シ○官鬼兄弟尉ニ発動スルハ謀ヲ巧ニ欺カ

ル、類ヲ防クヘシ○官鬼兄弟発動スルハ仲人ノ謀

ニ欺カル、コヲ防クヘシ○間又ニ官鬼兄弟発動スルハ仲人ノ謀

△牛馬六畜ノ類ノ賣買ハ子孫ヲ用神トス別ニ六畜ノ條ア

リ考フヘシ

△何レノ時日ニ財物ノ手ニ入ルト云ヲ占フハ妻財ノ旺衰

生合等ニヨリテ考フヘシ

△何レノ時日ニ直段ヨクナルト云ヲ占フモ亦妻財ノ旺衰

生合等ニヨリテ考フヘシ

○又子孫ノ旺衰ヲモ合セテ考フヘシ○妻財長生ニアフハ

一日増ニ高クナルトシ帝旺ニアフハ眼前高直ニシテ時過

出行

出行ノ占法父母ヲ荷物トシ妻財ヲ路銀トシ應爻ヲユク所
ノ地トシ間爻ヲ途中トシ又同伴ノ人トス
△世爻衰弱ナルハ疲トシ旺相スルハ健トス○世應尼ニ発
動スルハ速ニ行ニ利シ○世爻発動シテ官鬼ニ化スルハ禍
ニアフコトアリ○世爻発動シテ日辰又ハ動爻ノ合住ニアフ
ハ将ニ行カントシテ障アリテ滞ルノ象モシ間爻ヨリ合住
スルハ同伴ノ為ニツナカルヽトス発足ノ日限ヲシラント
欲セハ冲ニアフ日ヲ待ツ○世爻発動シテ空亡ニ化ス
ルハ半途ヨリモトルコトアリ退神ニ化スルモ亦同シ○世ヨ

リ應ヲ克スルハ逼達シテ障ナシ應ヨリ世ヲ克スルハ障多
クスヘテ意ノ如クナラスモシ其上ニモ日辰又ハ動爻ノ刑
克アルハ殊ニ凶○世爻安靜ナルハ發足ノ日限定マラス發
動スルハ定日アリ○世爻安靜ニシテ日辰ノ沖ニアフハ人
ノ爲ニ出ルトス○世爻安靜ニシテ合ニアフモ亦人ノ爲ニ
出ルトス○世爻日辰ヲ持シテ發動スルモ亦同シ○世爻官
鬼ヲ持スルハ疑ヒ惑フテ進マサルノ象モシ子孫ニ化スル
ハ禍アリ厄畏ル、ニタラス○世爻兄弟ヲ持スルハ無益ノ
費多シ○世爻空亡ニアフハ行クコ能ハス行クモ徒ニ勞シ
テ益ナシ但藝能ナトヲ以テ利ヲ謀リスヘテ本手ナクシテ
金錢ヲ得ルニハ却テ吉トス○世爻大歲ノ沖克ニアフハ其

年中出行利ナシモシ白虎ヲ帯ルハ殊ニ不吉

△父母ヲ荷物トス旺相スルハ多クノ休囚スルハ少シ旺相シ

テ空凶ニアフハ有トイヘ圧多カラス刑克ヲ帯ルハ舊物破

難スモシ世爻ヲ刑克スルハ風雨ニ妨ケラルヽコトアリ

損ストス○父母ヲ又辛勤勞苦ノ神トス発動スレハ途中艱

○父母ヲ又舟船トス発動シテ世ヲ克スルハ舟行殊ニ凶

△妻財ヲ路銀トス旺相スルハ多ク休囚スルハ少シ○妻財

ヲ又商買ノ代呂物トス旺相スルハ多ク休囚スルハ少シモ

シ兄弟化シテ妻財トナルハ人ト寄合タル代呂物又ハ人ヨ

リカリタル物トス○妻財発動シテ世爻ヲ刑克スルハ金銭

ニヨリテ禍ヲ招クコトアリ○妻財世爻ト合シ化シテ官鬼ト

ナリテ世爻ヲ刑克スルハ好色ニヨリテ禍ヲ招クコアリヨ
ク慎マサレハ免レス○妻財旺相シ月建ヲ持シテ世爻ヲ生
合シ刑克ナキハ十分ノ利益ヲ得ヘシ
△兄爻騰蛇ヲ帯ヒテ発動スルハカタラヒ欺ク者ニアフコ
アリ戒ムヘシ○兄爻白虎ヲ帯ヒ又ハ忌神ヲ帯ヒテ発動シ
テ世ヲ克スルハ風波ノ難アリ
△官鬼玄武ヲ帯ルハ盗賊トスモシ世爻ヲ刑克スルハ盗難
ヲ免レス○官鬼寅ニ属シテ艮宮ニアルハ豺狼トス世ヲ克
スルハ害ヲウクヘシ應ヲ克スルハ他人ヲ噉フトス○官鬼
間爻ニアリテ発動スルハ同伴ノ者不和アルカ又ハ病アリ
世ヲ克スルハ我亦凶○卦中官鬼ナキハスヘテ吉モシアリ

ト、イ、ヘ尤安静又ハ伏藏又ハ制スルモノアルハ禍ナシ

△子孫世爻ニツク八大吉ヨキ同伴ニアフコアリ途中モ

安トスモシ貴人ニ謁見スル類ノ出行ニハ官鬼ヲ克スル故

凶トス○卦中子孫ナク或ハアリトイヘ尤空亡ニアフハ禍

アルコヲ用心スヘシ

△應爻空亡ニアフハ、ヘテ意ニカナハス事成ラス

△間爻ヲ途中経歴ノ憂トス発動スレハ途中障アリ安静ナ

ルハ吉○間爻子孫妻財ヲ持シテ発動スルハ途中ニテ望ム

コ二カナフコアリ○間爻両爻尤ニ空亡ニアフハ途中ス

テサ、ハリナシ獨行ニ利シ同伴ノ役介ナシ

△犬爻土爻ヲ陸路トシ水爻木爻ヲ舩路トス何レモ子孫妻

五行易指南（虚白盧藏和刻本）

三六三

財ヲ持スレハ吉官鬼兄弟ヲ持スルハ凶

△官鬼ノ方鬼墓ノ方世ヲ克スルノ方ハ皆凶トス

往クヘカラス子孫ノ方妻財ノ方世ヲ生スルノ方ヲ吉トス

往クヘシ

△六冲ノ卦ニアフハスヘテ不吉六冲ノ卦亂動スルハ殊ニ
凶

舟船

凡舟ヲ雇ヒ又ハ舟ヲ買フノ占法父母ヲ以テ舩頭トシ初二

又ヲ艫先トシ五上又ヲトモトス

△舟ノ新舊ヲ察スルハ世ヲ持スル五類ヲ以テ考フヘシ子

孫妻財ヲ新トシ父母ヲ舊トシ兄弟ヲ半新半舊トス官鬼ハ

新舊ニ拘ハラズ驚キ又ハ妨ルヿアリ五類厄ニ皆其旺相休

囚ヲ以テ又其内ノ善悪ヲ考フヘシ子孫ヲ持スルイヘ厄休

囚スルハ十分ノ新造堅固トセサルノ類トリ

△官鬼発動スルハ其五行ヲ以テ病ヲ察ス金又ハ釘少ク土

又ハ白灰少ク木爻ハハぎ合セ多ク水爻ハ漏リアリトシ火

爻ハ乾裂アルノ類

△乗リ出ス「ヲ占フニ八父母ヲ船頭トスモン唯船ハカリ

ヲ占フニハ父母ヲ船トナシテ船頭トナサス何レモ旺相シ

テ世爻ヲ生合スルハ吉発動シテ世爻ヲ沖克スルハ凶

△青龍ヲ船尾トス子孫妻財ヲ持シ旺相発動シ世ヲ持シ世

ヲ生合スル類ハ吉〇騰蛇ヲ纜トスモシ休囚又ハ空凶ニア

フハ朽チヨハリタルトス旺相シテ吉神ヲ帶ルハ堅固トス

△白虎ヲ風帆トス旺相生扶シテ子孫妻財ヲ帶ヒ世爻卦身ヲ

生合スルハ順風ニシテ帆モヨシトクモシ官鬼凶神ヲ帶ヒ

テ旺相発動シ世爻卦身ヲ沖克スルハ逆風ニアヒ傾覆スル

「アリ

凸爻吟卦ニアフハ逆風傾覆ノ患アリ

△スヘテ子孫妻財世爻又ハ卦身ヲ持シテ動爻ノ沖克ナク

六爻生合シテ吉神ヲ帶ルハ四海ヲノリマワスモ災厄アルコ

ナシ

△自ラ船頭トナリテ船ヲスシテ家居ノ如クスル者ハ其占法

船ヲ雇フト異ナルコアリ上下六爻ヲ細ニ分チテ吉凶ヲ推

スヘシ○、初爻ヲ船トス、サキトス父母ヲ持シテ刑冲ニアフ
ハ風浪ノ难アリ官鬼ヲ持スルハ魔障アリ兄弟発動スルハ
怪木ヲトリカヘベシ妻財克ニアフハ是非口舌アリ空込ニ
アノハヘサキ破損ス○二爻ヲ獵木トス青龍ヲ帯ルハ利益
アリ朱雀ヲ帯ルハ口舌アリ勾陳ヲ帯ルハ財物ヲ損ス騰
蛇ヲ帯ルハ怪異アリ白虎ヲ帯ルハ人ヲ損シ禍ヲ招ク玄武
ヲ帯ルハ盗賊又ハ憂疑トス官鬼ニアフハ纜繩ヲ損サスト
ス○三爻ヲ倉口トス刑冲克害ニアフハ別シテ忌ムヘシ○
四爻ヲ梶杆トス凶神ニアフハ逢ヒラキテ漏ルコアリ○五
爻ヲ纜トス空込ニアフハ憂疑アリ○上爻ヲ櫓逢トス生ニ
アフハ船ヲ出シ富ヲ致ス冲克ニアフハ禍多シ上爻又舵門

トス凶神ニアフハ手イレトリカヘテヨシ

△世爻青龍ヲ帶ルハ危キヿアルス二救フモノアリ○世爻

朱雀ヲ帶ヒテ発動スルハ梔ヲ折ルヿアリ○世爻勾陳ヲ帶

ル八舩ヲ覆シ舵ヲ損サス○世爻騰蛇ヲ帶ヒテ発動スルハ

急病ヲワツラフヿアリ○世爻白虎ヲ帶ルハ水中二墜ルヿ

アリ○世爻玄武ヲ帶ルハ盗难アリ

　　　待人并來信

待人ノ占法五類ノ属ヲ以テ用神トシ其他八應爻ヲ以テ用

神トス而メ父母ヲ以テ音信トス

△用神発動スルハ其人ステニ發足ス○用神世爻尅身ニツ

キテ出現発動或ハ世爻ニツキテ発動スルハ即時二來ルハ

用神発動シテ世爻空亡ニアフハ其人速ニ至ル○用神発動
シテ世爻ヲ克スルモ其人速ニ至ル○用神発動シテ世爻ヲ
生合スルハ來ルトイヘ圧遅シ○用神世爻圧ニ発動シテ世
ヨリ用神ヲ克スルハ其人発足ストイヘ圧他方ニ轉シテユ
クトス○用神世爻圧ニ発動ストイヘ圧皆空亡ニアフハ其
人來ラス○用神発動ストイヘ圧日辰又ハ動爻ニ合セラル
ルハ亥アリテ來リ难シ沖ニアフハ年月日ニ至リテ來ルヘ
シ○用神世爻ノ克ニアフハ其人來ラス○用神日辰ノ克ニ
アフハ來ラス○用神第三第四爻ニツキテ発動スルハ程ナ
ク來ルヘシ○門ヲモシ其上用神ヲ制スルモノナク
トスル故ナリ
又世爻ヲ生合スルハ即時ニ來ル○用神墓ニ入リ墓ニ化シ

鬼墓ヲ持シ鬼墓ノ下ニ伏藏スル類、病アリテ來ラス○用

神安静ニシテ日辰動スノ冲ナキハ皈ルフヲ思ハス○用神

安静ニシテ日辰ノ冲ニアフハ其人來ラント欲スルノ情ア

リモシ月建又ハ動スノ克ニアフハ發足スルフ能ハス○用

神安静ニシテ世スヨリコレヲ冲起シ又ハ合起スルカ或ハ

神伏藏シテ世スヨリ提抜シ或ハ用神墓ニ入リテ世スヨ

リ墓ヲ冲破スルハ皆我ヨリ迎ヘ尋子テ來ルヘシ○六ス安

静ナルハ其人來ルフヲ思ハス但用神ヨリ世スヲ生合スル

ハ身動カストイヘ圧心ニハ來ラント欲ス○近地ニ出タル

人ヲ占フニ用神伏藏スルハ事アリテ皈ラストス其日ニア

フテ皈ルヘシモシ安静ナルハ冲ノ日モシ安静ニシテ空区

ニアフハ出旬逢冲ノ日ニ皈ルヘシ○用神伏藏スルハ飛神
ヲ冲スルノ日來ル○用神伏藏シテ其飛神空亡ニアフハ
辰動父ノ合アレハ即來ル速ナレハ當日トシ遅ケレハ其日
ニアフテ來ル○用神官鬼ノ下ニ伏藏スルハ凶景ニカヽリ
テ來ラス勾陳ヲ帶ルハ怪我ナトアリ騰蛇ヲ帶ルハ何々引
ツリアル遠慮ナトニテ來ラス白虎ヲ帶ルハ病ニテ來ラス
玄武ヲ帶ルハ盗賊ニ妨ケラレス色情ノ為ニ來ラス○用
神玄武ノ官鬼ノ下ニ伏藏シテ妻財ノ合ナキハ其人盗賊ニ
アフテ來ラズ○用神第五爻ノ官鬼ノ下ニ伏藏スルハ關所
又ハ渡場ノ滯ニテ來ラズ○用神官鬼ノ下ニ伏藏シテ白虎
ヲ帶ルハ入牢シテ來ラヌ「アリ○用神兄弟ノ下ニ伏藏ス

ルハ諸勝負ナトノコトニテ來ラス朱雀ヲ帯ルハ是非口舌ノ

卓白虎ヲ帯ルハ風波ニ妨ケラル○用神子孫ノ下ニ伏藏ス

ルハ飲酒游樂又ハ子孫幼輩六畜僧尼等ノ故ニ來ラス○用

神父母ノ下　伏藏スルハ文書又ハ父母尊長等ノ故ニ來ラ

ス○用神妻財ノ下ニ伏藏スルハ賣買利益金銀等ノ故ニ來

ラスモシ妻財空匕又ハ兄弟發動スルハ損失ノ故トシ咸池

ヲ帯ルハ女色ノ故トス○用神應爻陰財ノ下ニ伏藏スルハ

人ノ家ニ居ルモシ陽爻ニツキ世爻卦身ヲ生合スルハ人ニ

代リテ金錢ヲアツカフテ來ラズ○用神妻財ノ墓爻ノ下ニ

伏藏スルハ富家ニアリテ金錢ヲアツカフモシ用神墓絶ニ

アフハ無益ニ日ヲクラス○用神玄武ヲ帯ヒ發動シテ妻財

二合住セラレ又ハ玄武ノ妻財ノ下ニ伏藏スルハ女色ヲ慕

フテ來ラス合スル爻ヲ沖スルノ日ニ來ルカ

△游魂ノ卦ヲ得テ用神發動スルハ其人諸方ヲ徘徊シ一方

ニヲチツカスモシ游魂化シテ游魂トナルハ定マリタル處

ナシ游魂ヨリ皈魂ニ化スルハ游歴シ終リテ家ニ皈ル

△凡遠方出行ノ人ヲ占フニ用神伏藏セズ傷克ヲウケス真

空真破ニアハサルハ悉ナシモシ墓絶ニアヒ或ハ日月動変

等ノ刑克ヲウクルハ不吉

△音信ノ有無ヲ占フニ父母發動スルハ音信アルヘシ○世

爻妻財ヲ持シテ發動スルハ音信ナシ

五行易指南巻六 終

虎門　鼓缶子　述

病症

病症ノ占法官鬼ヲ以テ病トナシ其旺衰強弱ヲ以テ軽重ト
シ卦宮及ヒ六爻上下ノ位ヲ以テ病患ノ處トシ五行六親六
神ヲ以テ其病症トシ又病因トスモシ獨発スレハ亦其爻ノ
所属ヲ以テ病因トス

〇木爻ノ官鬼ハ肝経ノ病トス其症感冒風寒或ハ眼目ノ諸
病トス〇火爻ノ官鬼ハ心経ノ病トス其症発熱咽乾キロ燥
クノ類〇土爻ノ官鬼ハ脾経ノ病トス其症浮腫発黄或ハ瘟
疫ノ類〇金爻ノ官鬼ハ肺経ノ病トス其症咳嗽喘急吐痰ノ

類○水爻ノ官鬼ハ腎経ノ病トス其症悪寒盗汗自汗遺精白

濁ノ類

以上五臓病ヲウクルノ大略ヲ論ス更ニ八卦五類及ヒ

六神等ヲ参ヘテ断スヘシ拘ルヘカラス

△上爻ニ官鬼アルハ頭面ニ患ル所アリ〔頭痛頭重頭眩〕○

灸ニ官鬼アルハ面部項頸咽喉鼻目等ニ患ル所アリ〔頭旋等ノ類／面目浮腫咽喉〕○五

四爻ニ官鬼アルハ心胸腹背ニ患ル所アリ〔心下痞梗胸脇不利腹痛胸満心腹飽脹ノ類〕○

三爻ニ官鬼アルハ腰ニ患ル所アリ〔腰痛脾痛ノ類〕○三

二爻ニ官鬼アルハ股膝腓ニ患ル所〔脾気陰嚢ノ類〕○

初爻ニ官鬼アルハ足ニ患ル所アリ○間爻ニ応

患ル所アリ〔口苦舌硬牙遠疼痛ノ類／不利鼻衄目渋痛或ハ眩暈〕

中間ノヲ胸膈トス官鬼ヲ持スルハ痞塞不通木鬼ハ心痺曹

両爻ノ

雑ノ類火鬼ハ心痛ノ類土鬼ハ飽悶不寛ノ類金鬼ハ骨痛ノ

類水鬼ハ痰飲填塞ノ類妻財ニ化シ或ハ妻財ヨリ官鬼ニ

出スルハ宿食不消シテ胸膈不利ノ類

△乾宮ノ官鬼ハ多クハ頭ニ患ル所アリ（頭痛頭重頭眩ノ類）木爻ニ化

スルハ頭風眩暈トス木爻動キテ官鬼ニ化スルモ亦同シ水

ニ属スルハ面部浮腫○兌宮ノ官鬼ハ多クハ口舌牙歯咽喉

又ハ金瘡打傷ノ類ヲ患フ（口中悪味ヲ生シ或ハ口燥キ舌乾或ハ咽喉不利又ハ腫痛或ハ咳

嗽或ハ叱吐或ハ牙歯疼痛等ノ類）木ニ属スルハ舌硬トス火ニ属スルハ舌上

土ニ属スルハ咽喉腫痛トス金ニ属シテ忌神ニ化

三或ハ忌神金鬼ニ化スルハ牙疔トシ忌神ニ化セサルハ歯

痛トシ安静ニシテ沖ニアフハ歯揺クトス○離宮ノ官鬼ハ

多クハ眼部或ハ諸熱ヲ患フ或ハ眼部ノ諸病又ハ眼クヽク眼痛

ハ火動木ニ属スルハ肝火目赤渋トシ火ニ属スルハ八火動ト或ハ内熱上氣煩渇或ハ中暑或

ノ類

シ土ニ属スルハ胃熱トシ水ニ化スルハ痰火トス水爻ヨリ動ト

官鬼ニ化スルモ亦同シモシ水爻離宮ニ動クハ官鬼ニアラ

ストイヘ圧表寒裏熱トス日辰ヲ帯ルハ瘟トス○震宮ノ官

鬼ハ足部瘡毒或ハ胎氣ヲ患フモシ震ノ卦外卦ニアラハ

ハ足ヲ以テ断セス坐臥不安心神恍惚ノ類トス震卦騰蛇

ヲ帯ヒテ発動スルハ顛狂驚癇ノ類モシ小児ナラハ驚風ト

ス沖ニアヘハ馳廻ル類ノフアリ勾陳ヲ帯ルハ足腫

トシ白虎ヲ帯ルハ足折傷スルノ類木ニ属スルハ酸疼麻木

トシ火ニ属スルハ瘡毒又ハ怒火或ハ胎氣不安トス土ニ属

シテ木爻ニ化スルハ脚氣トス金ニ属スルハ刀傷或ハ脚膝

疼骨痛トス水爻ニ属スルハ濕氣ヲ受ルトス〇巽官ノ官鬼

ハ股肱或ハ風寒ニ感冒シ癰瘻瘍風ノ類〇坎官ノ官鬼ハ耳

耳聾耳鳴耳内痒或ハ崩漏金ニ属スルハ帯下経閉或ハ五労ノ類

部血分労役等ノ類

汗症トシ水ニ属スルハ寒冷トシ子孫ニ化スルハ房事子孫

ヨリ官鬼ニ化スルモ亦同シ妻財ニ化スルハ宿食トス妻財

ヨリ官鬼ニ化スルモ亦同シモシ火爻坎官ニ動クハ官鬼ニ

アラストイヘ𢥧内寒外熱トス日辰ヲ帯ルハ癰小ス〇艮官

ノ官鬼ハ手鼻背又ハ腫物又ハ滞氣ヲ患フ手指麻痺又ハ殿動又ハ顫動又ハ

艮官ヨリ土爻ノ官鬼ニ変出スルハ浮腫蟲

宜重或ハ項背拘宜又ハ疼痛ノ類

二ハ火爻ニ属スルハ癰疽トシ土爻ニ属スルハ手沈重ト

ス○坤宮ノ官鬼ハ腹部内傷元氣不足ノ類腹痛拘急　李飽悶　木又ニ属

スルハ飽脹トシ土又ニ属スルハ身重ク腹堅トス

△青龍ノ官鬼ハ酒色過度虚弱無力○朱雀ノ官鬼ハ狂言乱

語身熱面赤○勾陳ノ官鬼ハ胸満腫脹脾胃不和○騰蛇ノ官

鬼ハ坐臥不安心神不定○白虎ノ官鬼ハ跌撲氣悶傷筋損骨

女人ハ血崩血暈産後諸症○玄武ノ官鬼ハ色欲太過憂悶在心

在本宮ハ陰虚トシ子孫ニ化スルハ男子陰症陰虚トス

△官鬼発動シテ父母ニ化スルハ造作晋請ナトノ憂ニテ病

ヲウクルカモシ五又ニアリテ水ニ属スルハ途中雨ニアフ

テ病ヲ得ルカ又ハ労心労力憂慮シテ精神ヲ傷フカ或ハ尊

長ノ為ニウケ或ハ土ヲ動カスノ故ニウクル病トス官鬼又

父母ノ下ニ伏藏スルモ亦同シ○官鬼発動シテ兄弟ニ化ス
ルハ口舌毆撃(テッチャク)ナトニヨリテ病ヲ得ルカ又ハ傷食傳食又ハ
咒咀(ノロヒ)ニアフカモシ三爻ニアレハ房中體ヲ露ハシテ風寒ニ
感冒ス官鬼爻兄弟ノ下ニ伏藏スルモ亦同シ○官鬼発動シ
テ子孫ニ化スルハ寺院又ハ漁獵游戲ニヨリテ病ヲ得ルカ
或ハ酒ニ酔ヒ或ハ房事ヲ過シ或ハ夏日風凉冬日暖火ナト
ノ過ルカ又ハ補茶ナトニヨリテ発スルトス官鬼爻子孫ノ
下ニ伏藏スルモ亦同シ○官鬼発動シテ妻財ニ化スルハ妻
婦女又ハ賣買金銭等ノ事ニヨリテ病ヲ得ルカ官鬼爻妻
財ノ下ニ伏藏スルモ亦同シ又食ニ飢又ハ飽ニヨリテ得ル
トス○官鬼進神ニ化スルハ病増ス退神ニ化スルハ病減ス

原書缺頁

原書缺頁

○官鬼絶處逢生ハ病軽シトイヘ𠮷再発ス○官鬼出現セサ

ルハ其病何ニ由テ得ルヲ知ラス○官鬼世下ニ伏藏スルハ

舊病再発ス○官鬼水ニ属シテ土又ニ化スルハ本官ノ初又

ニアレハ小便不通トシ陰ニ属スルヲ大便不通トス陽官陰

象陰官陽象ハ二便モシ不通モシ白虎ヲ帯ルハ陽又ハ尿血

トシ陰又ハ下血トス刑害アルハ痔漏トス○官鬼両又アル

ハ内外両感𠮷ニ動キモニ静ナルハ一同ニ病ヲウクルトス

○官鬼内外両卦ニアリテ一ハ旺相シ一ハ旬空或ハ一ハ動

キ一ハ静ナルハ晝軽夜重○官鬼両又アリテ相冲スルハ思

ハズ愈ルコアリ○官鬼卦中ニアリテ又変出ニモアルハ新

舊両病トス○官鬼内卦ニアルハ病夜重シ外卦ニアルハ晝

沖克害スルハ官鬼ニアラズ又父外〻冬兼〻非爻〻中交中ナニ沖

水火ノ旺衰ヲ以テ寒熱ノ多少ヲシルヘシ○発動ノ父用神

世父ヲ生扶シテ化出ノ父用神世父ヲ刑克スルハ朝涼暮熱

又ハ日軽夜重トスモシ動父克シテ化出ノ父生スルハ此ト

相反ス

痘疹

又ハ日軽夜重トスモシ動父克シテ化出ノ父生スルハ此ト

凡痘疹ヲ占フノ法官鬼ヲ以テ痘花トシ五類應父ヲ以テ用

神トシ原神忌神ノ旺衰ヲ以テ安危ヲ決スルハ病体ノ占法

ニ同シ

△用神出現シテ日月動父ノ刑沖克害ナキハ大吉○用神旺

相スルトイヘモ原神発動セスシテ死絶ニアヒ又ハ発動

トイヘ厄化シテ沖克ニアフハ目前悉ナシトイヘセ寺島ン

不意ナルフアラン○用神休囚シテ原神ニモ日月ノ生扶ナ

キハ後ニ変アリ○用神休囚シテ又沖克ニアヒソノ上原神

死絶ニアフハ旦タノ間モ甚危ン○用神長生ニアヒ又ハ長

生ニ化スルハ百年ノ内トイヘ厄悉ナシ○用神墓ニ入ルハ

始起発シ难シ後ニ氣合ヨロシカラス○用神白虎ヲ帯ヒ又

ハ忌神白虎ヲ帯ヒテ用神日月動変ノ刑冲克害アルハ種痘

ヲナスヘカラス却テ大害アリ○用神白虎ヲ帯ヒテ日月動

叉ノ刑冲克害ニアフハ瘦ヲ生スルカ左ナクハ結毒トス乾

宮ニアレハ頭面坤宮ニアレハ腹震足巽股離目坎耳艮手兌

ロノ類推考フヘシ○用神傷克ニアフトイヘ厄原神月日動

爻ノ助アルハ妨ケス○用神伏藏シテソノ上日月動爻ノ刑

冲克害ニアフハ四五日ヲ過キサルニ大禍アリ○原神空凶

ニアヒ又ハ伏藏シテ傷克ナキハ虚弱ニシテ起発スルコ能

ハス起発ストイ（一尼灌漑ノカナシ○原神真空真破ニアヒ

或ハ伏藏シテ刑冲克害ニアフコ多ク或ハ囬頭克ニ化スル

ハ凶

△卦身ノ爻ヲ痘人始終ノ事トス子孫吉神ヲ持スルハ痘毒

ナシ○官鬼ヲ持スルハ結毒疾トナル處アリ○卦身官鬼ヲ

持シ木爻ニ属スルハ肝経ノ火毒サツパリトセス両眼ノ内

ニ痘ヲ出シ或ハ右耳ニ障アリ○卦身官鬼ヲ持シ火爻ニ属

スルハ心経ノ火毒サツパリトセス舌乾キ又ハ眼疾入リ

○卦身官鬼ヲ持シ土爻ニ属スルハ脾経ノ火毒サッパリトセズロ魚口ノ如クスボク鼻梁ニ瘴アリ○卦身官鬼ヲ持シ金ニ属スルハ肺経ノ大毒サッパリトセス鼻孔ノ内ニ瘡ヲ生シ或ハ左耳ニ瘴リアリ○卦身官鬼ヲ持シ水爻ニ属スルハ腎経ノ火毒サッパリトセス両耳乾キ又ハ唇ニ瘴アリ

以上卦身ニツキタル官鬼休囚シテ子孫発動スルハ茉ニテ愈ヘシモシ子孫発動セス官鬼ニ白虎ヲ帯ル

ハ生涯ノ病トシルヘシ

△官鬼ヲ瘧瘡トス安静ニ利シク発動ニ不利発動スレハ爽アリ○官鬼衰弱安静ナルハ瘡少シ旺相発動スレハ瘡多シ

○官鬼発動シテ世爻卦身用神ヲ沖克シ妻財ノ発動アルハ

飲食ニヨリテ病ヲ増ス或ハ出痘ノ前ヨリ傅食アリ○寛

年月日三建ノ冲ニアフハ灌漿ノ後ツブレ破ル、フヲ戒ム

ヘシ○官鬼空凶又ハ八月破ニアヒソノ上日辰動文ノ克害ニ

アフハタトヒ起発スモ七八日目ニ至リテ灌漿セスヨロシ

カラス○官鬼空凶ニアヒ或ハ伏藏シテ子孫青龍ヲ帶ヒサ

ルハタトヒ種痘スルモ出テス○官鬼木ニ属スルハ風邪発

散セス肝経ニ毒ヲ受ク癢ヲ発シ又ハ両目直視又ハ嗆喘ナ

トアリ○官鬼火ニ属スルハ心経ノ大毒初起ノ時発斑ツ、

キテ発瘡或ハ舌ノサキ縮マリ硬バル旺相発動スルハ重ク

休囚安静ナルハ軽シ○官鬼土ニ属スルハ大ツブノ瘡スキ

マナク出テ麻面口魚口ノ如クナルフアリ戒ムヘシ○官鬼

金ニ属スルハ肺経ノ妻身体痛ミ或ハ咳嗽或ハ鼻擽○官鬼

水ニ属スルハ腎経ニ妻ヲウク腰痛或ハ両耳乾キ或ハ寒飲

傳積発熱縮漿等アリ○官鬼青龍ヲ帯ヒ日月動爻ノ刑冲克

害ニアハサルハ種痘ノ占ニ大吉トス○官鬼火爻ニ属シテ

朱雀ヲ帯ルハ血熱火毒ノ症大黄黄連等ノ剤ヲ用ヒテ火ヲ

サマシ毒ヲ㵼シテヨシモシ遅ク用レバ斑甚シク痘隠レ集

黒クナリテナラズ○官鬼勾陳ヲ帯ルハ脹悶黄浮アリ○

官鬼木爻ニ属シ螣蛇ヲ帯ルハ初起黙ノ見ヘサルハ寸ニ驚風

ニ似タルフアリ○官鬼白虎ヲ帯ヒテ日月動爻ノ刑冲克害

ニアフハ疫ヲ生スルカ左ナルハ結毒トス卦官ニヨリテ其

何レノ憂ナルフヲ知ヘシ乾宮ニアレハ頭面トスルノタグ

イ○官鬼白虎ヲ帯ヒテ乾官ニアルハ頭ニ疾アリ兑官ニア

ルハ面ニ疾アリ離宮ニアルハ目震宮ニアルハ足巽宮ニア

ルハ股坎宮ニアルハ耳艮宮ニアルハ手坤宮ニアルハ腹ニ

疾アリトス右イツレモ子孫ノ発動アルハ療治カナフヘシ

モシシカラスハ終身ノ病トシルヘシ○官鬼玄武ヲ帯ルハ

陰虚ノ症縮漿黒陥ヲ防クヘシ○官鬼多クアラハル、ハ利

シカラス多ケレハ痘瘡大小ノマチリアリ子孫ノ出現ナケ

レハ其内ニ賊痘アリテ外ノ痘瘡マテミナアシクナルヘシ

△子孫安静ニシテ氣アルニヨロシ発動シテ傷克ニ化スル

ハ大凶○子孫旺相シテ官鬼衰弱ナルハ痘花甚火クシテヨ

ク過スヘシ○子孫多ク現スルハ利シカラスモシ多ク現ス

ルハ補茶ヲ用ユヘカラス補物ヲ食フヘカラス補フハ却テ
害アリ○子孫発動シテ日月動変ノ傷克ニアハサルハ用茶
ノ占ニハ即效アリトス○モシ兄弟発動スルハ飲食ヲ思ハ
ストイヘ厄子孫又発動シテ世又卦身用神ヲ生スルハ始ニ
飲食ヲ思ハストイヘ厄何カ好ミノ一品ニヨリテ食ノス、
ミトナルフアリ○子孫青龍ヲ帯ヒ日月動又ノ刑冲克害ナ
キハ種瘟ノ占ニ大吉トス
△妻財旺相ニヨロシク空凶ニ不利空凶ニスルハ飲食ヲ思ハ
ズ安静ニヨロシク発動スルニ不利発動スレハ官鬼ヲ生助
シ多食ニヨリテ脾胃ヲ傷フトス
△兄弟発動スルハ飲食火ク又ハ保養ユキト、カズモシ間

又ニアルハ胸膈ヲ寛ヘ氣ヲヒラクヘシ

△青龍原神ニツキテ発動シテ用神ヲ生合スルハ大吉○白

虎忌神ニツキテ発動シテ用神ヲ傷克シ原神ヨリ助ルフナ

キハ大凶○玄武妻財ニツキテ発動シテ世又卦身用神ヲ冲

スルハ経水汚アル婦人ニヨリテ瘟瘡変スルフアリ○玄武

應又ニツキテ発動シテ世又卦身用神ヲ冲スルモ外人ノ穢

ニヨリテ瘟瘡変スルフアリ

△乱動ノ卦伏吟ノ卦ミナ凶○六冲ノ卦近病ノ占ニ吉ドス

トイヘ尸瘟瘡ノ占ニハ凶始ニ起発シ难ク終モカシクアシ

キ○六合ノ卦ハ起発シ易ク生合ニアフハ殊ニ吉

病體

病人ノ死生安危ハ其占法病症ト異ナル所アリ故ニ別ニ一
卦ヲ起シテ考フヘシ其法子孫ヲ以テ医薬祈禱ヲ〱テ病ヲ
去ルノ用神トス旺相発動〱生扶拱合ス处ハ大吉トズ但父母
官鬼ヲ用神トスルノ占法ハ子孫発動ニ利シカラス発動ス
ルハ官鬼ヲ克スルユヘナリ

〇用神月建ニ臨ミ又日辰ノ生扶拱合アリテソノ上動又ノ
生扶アルモノハ大剛大壮ニシテ都テ不利モシ日辰動又ノ
刑克アルハ旺相ヲ吉トヌ〇用神月建ニ臨ミ又動又ノ生扶
アリテ日辰ニ臨ムハ大山トヌ刑兎アルハ妨ナシ〇用神墓
絶空破ニアフテ生扶拱合スルモノ〵ナケレハ必死トスモシ
生扶拱合アルハ妨ナシ〇用神絶ニアヲトイヘ〼動又ヨリ

生又ルハ絶處逢生ト云危シトイヘ厄救フヘシ○用神田頭

克ニ変シテ月日動爻ノ助ナキモノハ目前甚危シ○用神太

弱ナレハ病人氣体薄弱ニシテ爻ノ病愈ヘ难シモシ日辰動

爻ノ生扶アルハ重シトイヘ厄死セス○用神伏藏スルハ夕

トヒ提扱アリヒ厄日辰ユアヒ月ニアヒ年ニアフヲ待テ愈ユ

ヘシ近病ハ月日ヲ以テ断シ久病ハ年月ヲ以テ断ス○用神

ケテ双官夾用ト云死セストイヘ厄終身ノ病トス卦身ニ官

又ハ卦身ノ前後ニ官鬼ニツアリテコレヲ夾ムコレヲ名ツ

羅ヲ持シテ又動爻変出卦身トナリテ官鬼ヲ持スルモ亦同

シ官思用神ノ甬後ニアルハ子孫用神ノ占ニ雷風恒ノ卦ヲ

シ得ルカ如キコレナリ卦身ニ官鬼ヲ持シテ変出ノ卦身モ

赤官鬼トナルハ地天泰ノ限為

山ニ変スルカ如キコレナリ

十二

△世爻官鬼ヲ持スルハ　病軽シトイヘ（モ）ソノ身ハ丁レズ

○自已ノ病ヲ占フテ世爻官鬼ヲ持シテ日辰ニ墓シ又ハ墓

爻ニ化スルヲ随官入墓ト云大凶トス○世爻ニ思墓ヲ持シ

テ発動スルモ大凶タトヘハ風火家人ノ官鬼酉金ニシテソ

然リコレ世爻ニ思墓ヲ持スルノ墓丑ニアリ世爻丑ニツク地風外モ亦

他人山豫風沢中孚乾為天ノ三卦アリ

ルハ飲食甚滅スルカ又ハ飲食ニヨリテ得ルノ病トス

△卦身子孫ヲ持スルハタトヒ病勢重シトイフモ決シテ痊

ユヘシモシ父母爻発動スレハ不利トス然レモ父母ヲ制ス

ルモノアレハ妨ナシ

△官鬼発動スルハ病勢必重シ長生ニ化スルハ日増ニ重ク

ナルヘシ○官鬼発動ストイヘ圧日辰又ハ動爻ヨリ沖スレ

ハ凶トイヘ圧死セス○日辰ニ官鬼ヲ帯ヒテ用神又ハ世又

ヲ生合スルハ祈禱シテ免ルヽフアリ其祈ルヘキ神ハ五類

六親ニヨリテ推シ考フヘシ 用神父母ニシテ青龍ヲ帯ル 日辰ヨリ生合スルハ天満天神

ヲ祈ルニ冝ク 用神妻財ニシテ勾陳ヲ 帯ルハ田ノ神ヲ祈ルニヨロシキ類

又伏藏スルハ甚不吉必用心アルヘシ

△妻財ヲ飲食トス卦中ニ妻財ナキカ又ハ空凶ニアフハ飲

食ヲ思ハス

△父母発動スルハ薬ノ功ナシ 兄弟ノ病ヲ占フニハ父母ノ発動スルヲ吉トス原神ナルユヘナリ

△子孫ヲ医薬トシ酒肉トス卦中ニ子孫ナキカ又ハ死絶空

凶ニアフハ養生ノ食物ナシ○子孫発動スルハ病勢滅スヘ

シモシ囘頭克ニアフハ病勢火シ愈ルニナリテ慎マスシテ

再ニ重シ子孫官鬼ニ化スルモ亦然リ

△鬼墓ソノ卦ノ官鬼ノ世爻ヲ官鬼ノ云ノ世墓ソノ卦ノ世爻ヲ云ノ主墓用神ノ墓ヲ

リテ卦身用神世爻ヲ夾ムモノハ必死スモシ日辰動爻ヨリ

三ツノ者変シテ墓ニ入ルハ其病甚危ク困ム○鬼墓ニツア

イノ三ツノ内何レニテモ卦中ニアルカ又ハ官鬼世爻用神

墓ヲ冲スレハ恙ナカルヘシ

△應爻発動シテ用神ヲ生合スルハ病ヲ訪ヒ尋ル人アリ子

孫妻財ヲ帯ルハ贈物アリ兄弟ヲ帯ルハ贈物ナシモシ應爻

ヨリ生合スル℡用神変シテ妻財トナルカ又妻財ニ刑冲克害

セラル、ハ必其贈リタル飲食ヲ用ユヘカラス却テ害ヲ生

スヘシ父母ヲ用神トスルノ占ニハ殊ニ忌ムヘシ

△凡病ノ安危ヲ占フハ子孫ヲ軽ンシテ原神ヲ重ンシ官鬼

ヲ軽ンシテ忌神ヲ重ンス故ニ原神旺相発動スルハ用神衰

弱トイヘ圧病登ユヘシ忌神旺相発動スルハ用神出現不空

トイヘ圧死ニ至ル

醫藥

医薬ノ占法應爻ヲ医人トシ子孫ヲ薬トス

△應爻大歳ニアフハ代々ノ医者トス○應爻月建日辰ヲ持

スルハ官禄アルノ医者トス○應爻子孫ヲ持スルハ必下手

ニアラスタノミテヨシ○應爻官鬼ヲ持スルハ良医ニアラ

スモシ世身用神ヲ刑克スルハ薬チカヘニテサ、ワルフア

リ○應爻忌神ヲ持スルハ其茱ヲ服スヘカラス○應爻世爻

卜比和スㇳ卦中ニ子孫ナクンハ別ニ医ヲ改メテヨシ○應

爻空亡ニアフハ他出テ来ラサルカ又ハ其茱効ナキカ

△子孫旺相スルハソノ茱病ニ勝ツテ吉モシ子孫休囚シテ

官鬼旺相スルハ茱輕ク病重シ服スルモ切ナシ○子孫進神

ニ化スルハソノ茱功アリ退神ニ化スルハ切ナシ○子孫發

動シテ囬頭克ニアフハ切ナシ○子孫發動ストイヘㇳ忌神

ニ化スルハ却テ茱ニヨリテ命ヲ害ス○子孫墓絶刑克茱ニ

アフハ其茱功ナシ○子孫離宮ニアリテ又火ニ属スルハ熱

茱又ハ灸治ニ利シ○子孫坎宮ニアリテ發動シ或ハ水ニ属

シテ發動スルハ發汗ニヨロシ○子孫金爻ニ属スルハ針治

又ハ小刀鍼ナトノ療治ニヨロシ○子孫空凶ニアフテソノ

上妻財官鬼モニ発動スルハ其茱殊ニ切ナシ○子孫空凶官

鬼又空凶シテ冲ナク併ナケレハ其病自ラ愈ユ茱ヲ待タス

○日辰子孫ニ臨ミテ用神ヲ生合スルハ不圖医人アリテ療

治ヲウケテ功アルフアリ○子孫官鬼ニツモニ発動スルハ

茱ノ的中セサルニハアラス鬼神ノ祟ナトアルフアリ服茱

祈禱両様ニ用ユヘシ○卦中ニ子孫両爻アリテ丑ニ発動

スルハ両様ノ茱ヲ隔貼ニ用ヒテヨシ○第五爻発動シテ子

孫ニ化スルハ一途中ニ医者ニアフテ其茱功アルヘシ○子孫

ノ方位等ヲ以テ医ヲ求ム子水ノ子孫ハ北ノ方ノ医ニヨロ

シク丑土ノ子孫ハ東北方ノ医ヨロシキ類又寅卯ノ子孫ハ

其姓名木ヘ(ン)草冠ノ医者ヨロシク又ハ寅ノ年卯ノ年生レ

ノ医者ヨロシトスル類

△官鬼発動スルハ妙菜アリトイヘ圧急速二ハ功ヲナサス

墓絶ノ日二至リテ効ヲミルヘシ○官鬼進神二化スルハ病

勢定マラス或ハ益盛ナリトス退神二化スルハ漸々二減ス

ヘシ○官鬼日辰ヲ持シテ発動スルハ久病ニアラスシテニ

ハカニハケシキ病トス○卦中二官鬼ナクシテ日辰二官鬼

ヲ帯ルハ眼前ハケシキ病ニシテ此日ヲ過テ菜効アルヘシ

○官鬼世又ハ卦身ニツク八其菜功ナシ○官鬼卦身ヲ持

スルノ人トヒ衰弱トイヘ圧其病愈难シ○官鬼世爻用神ノ

下二伏藏スルハ其病愈エトイヘ圧根ヲ絶タス後日二再発

スヘシ○官鬼発動シテ間爻ヲ冲克スルカ又ハ間爻ニアリ
テ発動スルハ胸膈不利トス胸膈ヲ寛ヘヒラクノ薬ヲ用ユ
ヘシ○官鬼木爻ニ属スルハ風邪ヲ除キテ後薬切アリ○官
鬼木ニ属スルハ寒薬ヲ忌ムヘシ火ニ属スルハ丸薬ヲ忌
ヘシ○官鬼火爻ニ属スルハ熱薬ヲ忌ムヘシ金ニ属スルハ風薬ヲ忌
ムヘシ水ニ属スルハ針刀ヲ忌ムヘシ○官鬼火ニ属シテ陰
宮陰爻ニアルハ陰虚火動ノ症滋陰降火ノ剤ニヨロシ水ニ
属シテ内卦ニアルハ血氣虚損ノ症補中益氣ノ剤ニヨロシ
其餘皆此類ヲ推考フヘシ○官鬼火ニ属スルハ其病熱トス
凉薬ニヨロシ金水ニ属スルハ寒トス温熱ノ剤ニヨロ
シ又官鬼火ニ属シテ旺相生扶スルハ大寒ノ薬ヲ用ヒ水ニ

属シテ旺相生扶スルハ大熱ノ剤ヲ用ルニ利シ○卦中ニ官
鬼ナキカ又ハ伏藏スルハ其病隠伏シテ病因ヲ知リ难ク妻
ニ茱ヲ用ユルモ切ヲ得难シ

△父母卦身又ハ世爻ニツクハ其茱切ナシ○父母発動スル
ハ茱切サシ故ニ安静ニヨロシモシ日辰動爻ヨリ克スル寸
ハツノ茱ヲタク服シテ後切アリ○卦中ニ父母ナキハ藪医
首ト云フ類ニノ医方ニ明カナラサル所アルカ○父母発
動シテ世爻用神卦身ヲ生合スルハ茱ヲ服セズシテ間静無
妄ヲ以テ養生スヘシ

△妻財発動スルハ病ヲ助ケテ凶○妻財発動シテ水ニ属ス
ルハ魚物冷物ヲ忌ミテヨシ犬ニ属スルハ熱物熱物ノ類ヲ

忌ムヘシ金ニ属スルハ堅キ物塩カラキモノヲ忌ムヘシ木
ニ属スルハ風ヲ動カス物ヲ忌ムヘシ土ニ属スルハ油ツヨ
キ物滑ナル物ヲ忌ムヘシ○妻財外卦ニアルハ吐トスモシ
用神ヲ生合スルハ吐剤ヲ用ヒテヨロシ
△世爻空凶ニアフハ医薬ヲ求ルノ心誠専ナラス或ハ其医
ヲ信セス其薬ヲ用ヒサルコトアリ○用神休囚墓絶ニアフカ
又ハ変シテ墓絶ニ入リテノ上ニ克害アルハタトヒ良医
トイヘ圧救フコ能ハス○用神休囚墓絶ニアフハ補薬ヲ用
ヒテ切アリ
△青龍木爻ニツキテ用神ヲ生合スルハ家事ヲ抛チ胸中ヲ
寛ヘ放チテ薬ヲ用ユヘシ

詞訟

詞訟ノ占法卦身ヲ詞訟ノ叟体トシ世ヲ己トシ應ヲ相手ト

シ閒爻ヲ證人又ハ中人トシ父母ヲ訴状トシ官鬼ヲ聽訟ノ

役人トシ子孫ヲ和解ノ人トシ妻財ヲ理トシ兄弟ヲ贊人ト

ス而メ勝負ハ世應ノ強弱ヲ察シ罪ノ輕重ハ官鬼ノ旺衰ヲ

考え消散ハ子孫生旺ト官鬼墓ニ入ルノ時ヲ以テ斷ス

八世爻旺相生扶シ應爻休囚死絶スルハ我強ク彼弱シ○

反スルハ彼強ク我弱シ○世爻ヨリ應爻ヲ冲克スルハ彼ニ

勝ニハ非ノ彼ヲアナトリ欺クトス應ヨリ世ヲ冲克スルハ

是ニ反ス○世應生合スルハ和解ノ意アリ世ヨリ應ヲ生ス

ルハ我ヨリ和センント欲ス應ヨリ世ヲ生スルハ彼ヨリ和セ

ン卜欲スモシ世應圧ニ発動シテ空凶ニ化スルハ相倶ニ實

意ニアラス○世應比和スルモ相倶ニ和解ノ意アリモシ官

鬼発動シテ克スルハ和解セント欲ストモ上ヨリユルサス

モシ子孫発動スレハツイニ内済スヘシ○世又官鬼ヲ持ス

ルハ我理ヲ失フ官鬼ニ化スルハ官夏ニヨリテ身ヲホロホ

スモシ應又官鬼ヲ持シ官鬼ニ化スルモ彼理ヲ失ヒ身ヲホ

ロホス○世應又墓絶ニアヒ又ハ空凶トナルハ先強ク後弱シ

モシ変シテ旺相発動スルハ其勢甚強大ナリトイヘ

世ノ変スルハ我卜シ應ノ変スルハ彼卜ス何レニテモ同シ

○世又発動スルハ我ニ謀アリモシ官鬼兄弟田頭克ノ三ツ

ニ化スルハ失策卜ス應又発動スルハ彼ニ謀アリ世又ヲ克

スルハ凶○世爻空亡ニアフハ我ヲ争ヲヤムル心アリ應爻

空亡ニアフハ両方厄ニヤムル○世爻衰弱トイヘ厄月建日

辰動爻変爻等ヨリ生合スルハ貴人ノ助アリテ彼ノ心ニマ

カセスモシ應爻衰弱トイヘ厄生合アルハ亦貴人彼ヲ助ク

ル故我ノ勝トナリ难シ○世爻生合スルモノナクソノ上刑

克スルモノアルハ甚凶決シテ争ヘカラス○世爻二月建

ヲ帯ルハ貴人ノ助アリ應爻ニ帯ルハ貴人彼ヲ助ク○世爻

墓ニ入リ墓ニ化シ鬼墓ヲ持スルハ全体ノ卦体凶ナル寸ハ

必入牢スヘシモシ白虎ヲ帯レハ牢内ニテ病ヲウク○應爻

旺相発動ストイヘ厄生合スルモノナキハ彼強シトイヘ厄

畏ル、ニタラス

△封身ヲ詞訟ノ専体トス旺相スルハ大トシ休囚スルハ小

トス発動スルハ急トシ安静ナルハ緩トスモシ空凶伏藏ス

ルハ虛説多ク飛伏比ニナキハ其事タヘテ虛トス

△間爻ヲ證人又ハ中人トス世ヲ生シ世ヲ合スルハ我ヲ助

ケ應ヲ生シ應ニ合スルハ彼ヲ助ク○世ニ近キ間爻ヲ我ノ

證人トシ應ニ近キ間爻ヲ彼ノ證人トス○間爻世ヲ冲克ス

ルハ我ヲニクム應ヲ冲克スルハ彼ヲ悪ム○衰弱ノ間爻我

ヲ生シ旺相ノ間爻彼ヲ生スルハ我ヲ助クル者彼ヲ助

クル者力アリモシ是ニ反スルハ亦メミルヘシ○発動ノ

間爻應ヲ生シ安静ノ間爻世ヲ生スルハ彼ヲ助クル者ハ進

ミテ我ヲ助クル者ハ出テスモシコレニ反スルハ亦反シテ

ミルヘシ○間爻世ヲ沖克シテ應ヲ生合スルハ中人謀ヲ为

セテ我ヲ陥シイルトスモシ官鬼ヨリコレヲ克制スルカス

ハ日辰ヨリ沖克スルハ其謀行ハレスシテ恙ナシ

△官鬼ヲ訟ヲサバク役人トス發動シテ應ヲ克スルハ我勝

世ヲ克スルハ　我負○官鬼第五爻ニアリテ大歳ヲ持スルハ

其事朝廷ニカ丶リアフラ評定所ハカリノ沙汰ニテハ済

マス○官鬼發動シテ世爻ヲ刑克スルハ理アリトイヘ圧ユ

ルサレス○官鬼第五爻ニアリテ月達ヲ持スルハ其事評定

ニカ丶リテ支配ノ頭人ハカリニテサバキナラス○官鬼両

爻アルハ役人ノカ丶リ一手ニ非ル故ニ复体反覆スルフア

リ○卦中ニ官鬼ナキハ役人ヨリトリアゲス○官鬼世下ニ

伏藏スルハ目前訟ニ至ラストイヘ圧其根長クアリテ提抜

ノ時ニハ訟トナルヘシ

△父母ヲ訴状トス應爻ニツクハ彼ヨリ訴ヘントシ世爻ニ

ツクハ我ヨリ訴ヘントス發動スレハ既ニ訴ヘント謀ル發

動セサレハ未タ訴ヘス○スヘテ上ヘ訴ヘ出ルハ父母官鬼

圧ニ氣アリテ空亡セサレハトリアケラルヘシ妻財發動シ

テ父母ヲ克スレハ成ラス○父母旺相ストイヘ圧官鬼休囚

スルハ訴ヘ出ル真大ナルカ如クニノ其實ハ細故トス○父

母官鬼モニ發動スレハ訟ヲ成スヘシモシ父母氣アリトイ

ヘ圧官鬼化シテ子孫トナルハ既ニ訴ヘントシテ人ノトリ

ト、ムルニヨリテヤムフアリ○父母化シテ兄爭トナルハ

訴状ニ非ヲウタルヘシ○父母スヘテノ冲ニアフハトリア

ケナシ○父母世爻ヲ生合スルハ自ラ訴ヘラ用捨ヲウクル

ファリ○父母月建ノ合ニアフハ上ニタツ者ヨリ手ヲ入レ

テセワアルヘシ○父母化シテ墓絶空亡ニ入リ官鬼又ハ日

辰ヨリ世爻ヲ刑冲克害スルハ訴ヲトリアケラレスシテ咎

メヲ受ルトス○卦中ニ父母ナキハ訴状成ラスアリトイヘ

モ刑ヲ帯ヒ傷克ヲウクルハユキト、カサル處アリ妻財ニ

化スルモ同シ○父母両爻アルハ再ヒ訴ヘラ成ルヘシ

△妻財ヲ理トス世爻ニツケハ我理アリ應爻ニツケハ彼理

アリ○妻財官鬼ノ刑ニアフハ理アリトイヘモユルサレス

○妻財発動スルハ既ニ訟ヘタル後ナラハ金銀等ヲ以テ役

人ヲアツカフヘシモシ子孫ヨリ官鬼ヲ冲スレハ費ヤスト

イヘ尓益ナシ

△兄弟世爻又ハ卦身ニツクハ其事衆人ニカ丶リアヒアリ

モシ発動スレハ大ニ金銭苦ヲ費スソノ上白虎ヲ帯ルハ家

ヲツブスホトノ費アリモシ應爻ニツケハ彼ニ妖禍アルヘ

シ○兄弟間爻ニアルハ訟ノ詞諸人ニカ丶リアフヘシ発動

スルハ中人證人ナト金銭ヲ貪ルモシ應ヲ克スルハ彼ヨリ

得ントシ世ヲ克スルハ我ヨリ得ントス

○子孫卦身ニツキテ出現発動スルハ消散シテ訟ヲ成サス

○六爻安静ニシテ子孫ヒトリ発動スルハ世應生合セスト

イヘ凡人ノトリモチニテ内済ス

△大歳世爻ヲ生合スルハ入牢ノ者赦ニアフコトアリ○月建

世爻ヲ生合スルハ上タル役人ノ宥免ヲウクルコトアリ○日

辰世爻ヲ生合スルハ役人ノ用捨アルコトアリ○日辰官鬼ヲ

克シ又ハ沖スルハ官鬼発動シテ世爻ヲ刑克ストイヘ圧旁

人ノ言ニヨリテ宥メユルサル、コアリ○世墓ノ父鬼墓ノ

父発動スルハ入牢ノ象トイヘ圧日辰ヨリ刑沖克破スルハ

出牢スヘシ

☆罪ノ軽重ヲ考ルハ官鬼ヲ以テ推スヘシ旺相スルハ重ク

休囚スルハ軽シ白虎ヲ帯ヒ刑ニアヒ旺相発動シテ世ヲ克

スルハ火爻ハ極刑ヲウケ金爻ハ組ニ入レラレ或ハ金堀ニ

セラル、ノ類木爻ハ敲キヲウケ水爻主爻ハ奴ナトノ類皆

旺衰ト制スルモノノ、有無強弱ヲ以テ断スヘシ

〇何レノ時ニ落許スルヲ考ルハ子孫発動シテ官鬼安静ナ

ルハ子孫生旺ノ月日ヲ以テ断シ官鬼発動子孫安静ナルハ

官鬼墓ニ入ルノ月日ヲ以テ断ス

考フヘシ

五行易指南巻之七 終

五行易指南卷八

虎門　鼓缶子　述

失物

失物ノ占法失フ所ノ物ハ五類ヲ以テ分チテ用神トシ（衣服ハ父）
母ヲ用ヒ金銀ハ（用神ノ類）
妻財ヲ用ルノ類　官鬼ヲ盗人トシ獨發ノ爻亦盗ミタル人得
タル人トシ子孫ヲ盗人ヲ見ツケル人トス而ノ物ノアル處
盗人ノカクル、處尋ラシラント欲スルハ家宅逃込等ノ諸
條ヲ合セテ考フヘシ
△用神内卦ニアルハ家ノ内ヲ尋ヌヘシ外卦ニアルハ他ノ
處ニアリ○用神本宮ノ内卦ニアルハ其物イマダ家ヲ出テ
入他宮ノ外卦ニアルハ其物ステニ家ヲ出ツ得难シモシ間

又ニアルハ近鄰ナドヲ尋ヌヘシ○用神発動スルハ変動ア

リ尋スルコ容易ナラス○用神発動シテ日辰ノ合ニアフハ

物ニヲハワレテ見ヘサルナリ沖中逢合ハ得ヘシ合處逢沖

ハ得难シ○用神安静ニシテ世ヲ持シ世ヲ生シ世ニ合スル

ハ其物散乱セス尋子ヤスシ旺相生扶シテ空亡ニアハサル

ハ殊ニ吉○用神墓ニ入リ墓ニ化シ墓下ニ伏藏スルハ器物

ノ中ニアリ墓ヲ沖スルノ日ニ至リテ見出スヘシ○用神鬼

墓ヲ持スルハ寺院又ハ墓場ナトニアリモシ本宮ノ内卦ナ

レハ棺ノ側又ハ坐席ノ上ナトニアリ螣蛇ヲ帯ルハ神佛ノ

像アル處祠堂ナトニアリ○用神化シテ子孫トナリテ子孫化

シテ用神トナルハ其物禽獣ノヲル處ニアルコアリ子ノ又

ナレハ厩舎ヒ去ル丑ノ爻ナレハ牛小屋ノ邊午ノ爻ナレハ

厩ノ邊酉ノ爻ナレハ鳥屋ノ邊トスルノ類モシ合アレハ其

中ニアリトシ合ナケレハ其近處ニアリトス

△用神木ニ屬スルハ竹木ノ梲中又ハ薪材木等ノ中ニアリ

○用神火ニ屬スルハ爐ノ邊竈ノ邊或ハ火鉢燈竈ナトノ類

ノ處ニアリ○用神土ニ屬スルハ瀬戸物スヘテノ土器或ハ

土藏尾屋ナトノ中ニアリ○用神金ニ屬スルハ銅鉄錫鈆等

ノ器中ニアリ○用神水ニ屬スルハ池沼井戸ナトノ邊ニア

リ

△用神初爻ニアリテ水ニ屬スルハ井ノ中ヲ尋ヌヘシ○用

神二爻ニアルハ竈ナトノ邊ニアリ○用神三爻ニアルハ部

屋ノ内ニアルカモシ官鬼ノ下ニ伏藏スルハ祠堂ノ内ナト

ニアリ○用神四爻ニアルハ門戸ノ邊ニアルカ○用神五爻

ニアルハ道路ヲ尋ヌヘシ○用神上爻ニアルハ棟梁ノ上ナ

トニアリ

リ

右ニ段五行ノ爻屬六爻ノ位ヲ以テ大略ヲ論ス其詳

ナルコトハ家宅逃匕等ノ諸條ヲ合セ考ヘテ活斷スヘ

シ後ニ拘ハルヘカラス下段伏藏ヲ論スル處モ亦然

△用神伏藏シテ動爻又ハ日辰ノ暗沖ニアフハモシ官鬼安

静ナレハ盗マレタルニアラスシテ人ニ置處ヲカヘラレタ

ルナリ○用神應爻ノ下ニ伏藏シ或ハ應爻ニツキテ世爻ニ

合シノノ上官鬼空ヒ又ハ伏藏又ハ死絶安静ナレハ自ラ人

二假シタルヲ忌レタルニテ盗マレタルニアラス○用神子

孫ノ下ニ伏藏スルハ寺院又ハ甲幼ノ者ノ憂ニアリ○用神

父母ノ下ニ伏藏スルハ坐敷又ハ尊長ノ憂ニアリ或ハ合ア

ルハ衣服薑笥又ハ書物箱ナトノ内合ナキハ衣服書物ナト

ノ内ニアリ○用神兄弟ノ下ニ伏藏スルハ本官ハ兄弟從兄

弟ノ憂他官ハ朋友同學同役ナトノ憂ニアリ○用神官鬼ノ

下ニ伏藏スルハ貴人又ハ寺院ナトノ憂ニアリ

△官鬼發動スルハ人ニ盗マル、トス○官鬼旺相發動シテ

世爻ヲ刑克スルハ盗人ヲ捕ヘントシテ却テ害ヲウクル一

アリ○官鬼陽ニ属スルハ男ヌスム陰ニ属スルハ女ヌスム

○官鬼陰爻ニシテ化シテ陽爻トナルハ女ヌスミテ男ニワ
タス陽爻化シテ陰爻トナルハ男ヌスミテ女ニワタス○官
鬼生旺スルハ壯年ノ人墓絶ニアフハ老年ノ人胎養ニアフ
ハ小兒刑害ヲ帶ルハ病人ヌスム他宮ノ内卦ニアルハ借地借屋ナトノ人
ハ家内ノ人ヌスム他宮ノ内卦ニアル○官鬼本宮ノ内卦ニアル
又ハ家内ニヲル他人ヌスム○官鬼日辰ノ合ニアフハ盗人
ヲカクシ又ク者アツテ見出シ难シ○官鬼日辰又ハ動爻ノ
刑克ニアフハ盗人其時ニアタリテ驚キ迷フ丁ナトアルヘ
ショクスレハ捕フヘシ○官鬼月建ヲ持スルハ強盗トス○
官鬼大歳ヲ持スルハ徒黨子方アル盗人トス○官鬼氣ナク
又死絶ニアフテ動爻日辰ノ助ニアフハカ子チヲ慣レタル盗

人ト人ス○官鬼墓ニ入リ又ハ化シテ墓ニ入リ又ハ墓下ニ伏

藏スルハ其盗人深ク隠レテ捕ヘ难シモシ動爻日辰墓ヲ冲

スルハ捕ヘ得ヘシ○官鬼スヘテノ冲ニアフハ盗人ノ居ヲ

慶ヲオシヘヘル者アリ○世爻発動シテ官鬼ヲ冲スルハ我サ

トリテ見出ス○應爻官鬼ヲ冲スルハ他人見ツケルモノア

リ他ノ爻発動シテ官鬼ヲ冲スルモ同シ○官鬼化シテ子孫

トナリテ孫化シテ官鬼トナルハ僧ナトノ入交ルハ内○

官鬼両爻アルハ盗人一人ニアラス両爻厄ニ発動スルハ内

二手引スルモノアルコトアリ内卦ノ官鬼発動シテ外卦ノ官

鬼安静ナルハ家内ノ人盗ミテ外人ニワタス外卦ノ官鬼発

動シテ内卦ノ官鬼安静ナルハ家内ノ人ニ其莫ニ加ハリタ

ル者アリ○卦中ニ官鬼ナク或ハ官鬼空亡ニアヒ或ハ官鬼

哀絶安静ナルハ多クハ自ラ忘レタルニテ盗マレタルニア

ラス○卦中ニ官鬼ナク又ハ空亡ニアフテ世爻発動スルハ

自ラ忘ル、トス○盗人ヲ捕ヘルニヲ占フニ卦中ニ官鬼ナ

キハ盗人カクレテ見ヘス何レノ處ニ伏藏スルト云ヲ察シ

テ其在處ヲシルヘシモシ変爻ニ官鬼アレハ伏藏ノ爻ヲ論

スルノ妻財ノ下ニ伏藏スルハ婦人妻妾奴僕ノ處ニアリトス

セスルノ類前ノ失物用神伏藏ノ一段ヲ合セテ考フヘシ

○官鬼世爻ト刑冲スルハ其盗人我ト中アシキ者トス生合

スルハシタシキ人トス○官鬼世爻ノ下ニ伏藏シテ飛神ヲ

克スルハ人ニカクサレテ捕ヘ難シモシ世爻ヨリ其伏藏シ

タル官鬼ヲ克スルハ捕ヘ得ヘシ○官鬼空亡ノ爻ノ下ニ伏

藏スルハ其盗人借家シテヲリ入ノカクスニハアラス後ニ

ハ見出サルヘシ

△官鬼木ニ属スルハ其盗人土塀ヲコヘ土穴ヲクヾリテ入

ル（木克土ユヘナ）（下モ同シ）ヤ（○官鬼火ニ属スルハ鏁ヲ破リカケカ子ヲ

ハツス○官鬼土ニ属スルハ堀ヲコヘ河ナトヲワタル○官

鬼金ニ属スルハ板塀ヲコヘ竹木ノ籬ヲ破ル○官鬼水ニ属

スルハ燈ヲケシ水ヲツヽク○官鬼木ニ属シテ火又ニ化シ

火ニ属シテ木又ニ化スルハ燈ヲ提ケ棒ヲモテ求ルヿナト

アリ

△盗人何レノ方ノ者ト云ヲシルハ八卦ノ方位ヲ以テ推ス

ヘシ官鬼乾宮ニアルハ西北方ノ人トスルノ類

△盗人ノ容貌ヲシルハ六神ノ形体情性ヲ以テ考フヘシ官

鬼騰蛇ヲ帯ルハ長高ク痩タルトシ白虎ヲ帯ルハ肥タルト

スルノ類

△盗人何レノ憂ヨリシノビ入リタルト云ヲシルハ官鬼克

スル所ノ六爻ノ位ヲ以テ定ツヘシ初爻ヲ克スルハ門ヲコ

ヘテ入ルトシ上爻ヲ克スルハ垣ヲコヘテ入ルトスルノ類

　右二條養人家宅失物等ノ諸條ヲ合セテ考フヘシ

△子孫発動スルハ盗人ヲ見ツケルーアリ○子孫旺相発動

スルカ又ハ世爻ニツカ又ハ日月ヲ持スルハ盗人ヲ捕ヘ

得ヘシ強悪ノ盗賊トイヘ圧恐ル、ニタラス○子孫子ノ爻

ナレハ海川ノ獵師又ハ科頭ノ人（笠冠ヲ着スシ頭ヲアラハス人）見ツケ

ルコアリ○子孫丑ノ爻ナレハ牛飼牛引又ハ胴突人足左官
ナト見ツケルコアリ○子孫寅ノ爻ナレハ大工又ハ材木屋
ナトノ類見ツケルコアリ○子孫卯ノ爻ナレハ呉坐織艸屨
作リ又ハ木キリ草刈或ハアラ物賣ナト見ツケルコアリ○
子孫辰ノ爻ナレハ井戸ホリ堀サラヘ畑ホリナト見ツケル
コアリ○子孫巳ノ爻ナレハ針師ノ女又ハ蛇ツカヒナト見
ツケルコアリ○子孫午ノ爻ナレハ毛ヤキテウチン屋又ハ
馬乗馬口勞ナト見ツケルコアリ○子孫未ノ爻ナレハ灰問
屋又ハ耕作人ナト見ツケルコアリ○子孫申ノ爻ナレハ銀
治カサリ師又ハ猿マワシナト見ツケルコアリ○子孫酉ノ
爻ナレハ仕立屋又ハ酒屋酒ノミナト見ツケルコアリ○子

前無克トイヘ比官鬼提抜ノ時ニ其难アルヘシ

シテ世爻ヲ克スルハ凶モシ官鬼世爻ノ下ニ伏藏スルハ日

散或ハ子孫発動スルハ吉モシ官鬼ヲ制スルモノナク発動

△盗人ノ用心ヲカ子テ占フニハ官鬼休囚安静或ハ日辰冲

置タル呎トスルカ二アリトスル類

△妻財発動スルハ其墓爻ノアル處ヲ盗ミタル物ヲカクシ

子難シ

△兄弟発動スルハ妻財ヲ用神トスル類ノ物ハ散亂シテ尋

ナト見ツケルコトアリ

孫亥ノ爻ナレハ水汲又ハ洗濯スル者スハ湯屋ヘ柱來ノ人

孫戌ノ爻ナレハ土ホリ又ハ狗引ナト見ツケルコトアリ○子

千ノ妻財ナレハ成ノ

逃亡

逃亡ノ占法五類世應ヲ以テ用神トシ父母ヲ音信トス其他
皆通法ニ異ナルコトナシ
△用神発動スルハ其属スル爻ヲ向フ所ノ方トシ変スル爻
ヲ轉シタル方トス タトヘハ用神キニシテ化シテ寅トナル
ニ轉ス 始ニ正南ニヲモムキテツヽレヨリ東北
ルトナリ○用神発動スルハ其人一所ニトヽマラサル故毎又
ルニ容易ナラス、○用神安静ナルハ其属スル爻ヲユク所ト
ハ、正南トスルノルイ○用神安静ナルハ尋子ヤスシ○用
神退神ニ化スルハ捕ヘ难シモシ世爻又ハ日辰動爻ノ制克
ニアフハ捕フヘシトイヘ圧久シカラスシテ後逃ルヘシ○
用神克ニアフハオサヘトノヽラルヽコアリ○用神日辰又

五行易指南（虚白盧藏和刻本）

四二九

八動爻ノ制克ニアフハ捕ヘシモシ変出シタル爻ヨリ用

神ヲ生合スルハ捕ヘテ後又逃ルヽコトアリ○用神冲ニアフ

ハ人ニトヽメラルヽコトアリ○用神日辰又ハ動爻ノ冲ニア

フハ家内ニ其夏ヲシリテ逃レシムル者アルコトアリ其人ハ

亦五類ヲ以テ察スヘシ○用神日辰ヲ持シ又ハ動爻ノ生扶

アルハ同伴アルコトアリ○用神日辰又ハ動爻ノ合ニアフハ

カクシ置ク者アリ其人ヲシラント欲セハ五類ヲ以テ考フ

ヘシ○合爻父母ナレハ尊長トシ兄弟ナレハ朋友トスルノ類

財ト合スルハ婦人ヲ誘フテ去ルモシ妻財世爻ノ下ニ伏藏

スルハ占フ人ノ妻妾トシ應爻ノ下ニ伏藏スルハ他人ノ妻

妾トス○用神休囚シテ死絶ニアフハ墓塚ノ近邊ニヲラルヽコト

アリ○用神モシ辰戌丑未ノ四墓爻ニアフハ辰戌丑未ノ方

ト断ス五行ノ多属ヲ以テ方位ヲ断ス辰ナレハ亥子ノ方

トシ辰ハ水ノ墓戌ナレハ巳午ノ方トスル類ナリ　戌ハ火ノ墓ナル故

十○用神鬼墓ヲ持シテ発動スルハ寺院堂社ナトニカクル

ル○用神上爻ニアルハ遠ク去ル○用神本官ノ内卦ニアル

ハ其處ニヲルト外卦ニアルハ其國ノ内ノ別所ニヲルモシ他

官ノ内卦ニアルハ他國界ノ處ニヲル外卦ニアルハ他國へ

出ル○用神空亡ニアフハヲルヽ處シレス○用神刑冲克害ニ

アハス又世爻ヲ生合スル「ナク又世爻ヨリ用神ヲ克スル

「モナキハ逃レタル者皈ル心ナク尋スル者見ツケル「能

ハス一タヒ去リテ皈ラサルノ象

△用神木ニ属シテ震宮ニアルハ京都江戸ナトヘユクトス

○用神木ニ属シテ坎宮ニアリテ発動スルハ舟ニノリテ去

ル木爻水ニ化シ水爻木ニ化シ或ハ水爻木官ニアリテ発動

スルモ皆同シ○用神金ニ属シテ兌宮ニアルハ寺院ナトニ

アリ

右用神アル呀ノハ卦五行ヲ以テ一二ヲ挙ケテ大概

ヲ論ス詳ニ前ニ述ヘタル卦象爻象等ヲマシヘテ考

フヘシ

△用神伏藏スルハ其飛爻ヲ以テカクル、呀トス○用神官

鬼ノ下ニ伏藏スルハ御倉塲ナトノ邊ニアリモシ官鬼旺相

シテ月建ヲ持スルハ大官大禄ノ家休囚氣ナキハ小官小禄

ノ家ニアリ○用神父母ノ下ニ伏藏スルハ伯叔父母ナトノ

慮或ハ藝人ナトノ慮ニアリ○用神兄弟ノ下ニ伏藏スルハ

兄弟朋友ナトノ慮ニアリ○用神妻財ノ下ニ伏藏スルハ妻

妾奴僕ス（ヘテノ陰人ノ慮ニアリ○用神子孫ノ下ニ伏藏ス

ルハ早者幻者又ハ寺院ナトノ邊ニアリ○用神四墓又妻（辰戌丑未）

ノ下ニ伏藏スルハ官鬼ノ墓ハ寺院堂社ノ邊ニアリトシ妻

財ノ墓ハ倉塲又ハ富家ナトニアリトス

△世爻用神ヲ持シ又ハ用神ニ合シ又ハ用神ノ生ニアフハ

其人後日ニ皈ルヘシ尋ヌルヿモ亦ヤスシ○世爻用神ヲ克ス

ルハ其人遠ク去ルトイヘ圧捕ヘヤスシ○世爻用神ノ克ニ

アフハ尋子难シ○世爻用神ノ克ニアフハ沖ニアフトイヘ

厓不圖アフノミニシテ捕フルコ能ハズ○世爻月建日辰動

爻変爻等ノ沖克ニアフハ其人ヲ捕ヘントシテ却テ害ニア

フコアリ○世爻兄弟ヲ持シテ発動スルハ尋ルニ金銭ヲ費

スコアリ○世爻空匕ニアフハ尋ヌル心ナキカ又ハ尋ルト

イヘ厓ユキトヽカス○世應厓ニ空匕ニアフハ尋ヌヘキ處

ナクシテ敀ルコアリモシ兄弟獨発スレハ偽アルコアリ尋

ヌル厓見ヘ难シ

△変出ノ卦同宮ノ卦ニ化スルハ　乾ノ卦変シテ姤遘否　觀剥ノ卦トナルノ類　其處

ニアリテ遠ク去ラス○敀魂ノ卦ハ其人敀ル心アリモシ世

爻ヲ生合スルハ自ラ敀ルコアリ尋ルモ見ヘヤスシ○游魂

ノ卦ハ其人敀ル心ナシモシ用神発動スルハ尋ヌル厓見ヘ

ス○用神他宮ニアリテ又他宮ニ変スルハ遠ク去リテ又他
ヘ轉ス

△彼ノ憂ニヲルカト心ツク憂アリテ占フニハ世應生合比
和シテ用神出現シ空匕ニアハサレハ必其憂ニアリ

△父母発動シテ世ヲ生シ世ニ合スルハ音信アリ○父母発
動シテ官鬼トナルカ官鬼発動シテ父母トナルカ又ハ官鬼
父母匕ニ発動スルハ上ヘ訴ヘ出テ役人ノ尋テニテ捕フヘ
シ○父母空匕ニアフハ絶テ音信ナシ

△逃ル、者自ラ占フニ子孫世爻又ハ卦身ニツクハイカナ
ル亨アリモスヘテ障ナシ○逃ル、ヲ占フニ日辰世爻ヲ生
合スルハ世話スル人アリ○逃ル、ヲ占フニ世爻墓ニ入ル

ハオサヘト、ノラレテ耻ヲウクルコアリシカラスハ出テ
後ニ病アルカ○逃ル、ヲ占フニ動爻玄武ヲ帶ヒ旺相シテ
世爻ヲ克スルハ刧カシ欺キテユスリ貪ル人アルコヲ用心
スヘシ

　　避害

一揆後黨ノ類アルカスヘテ兵亂ノ時ニアタリ亂妨狼籍ノ
愁アリテコレヲ避ルノ方ヲ占フハ尋常出行避害ノ占法ト
同シカラストイヘ圧其大要ハ官鬼ノ方官鬼克スル所ノ方
ニ徃クヿヲ忌ミ子孫ノ方又ハ我ヲ生スルノ方ニ避ルヲ吉
トス○官鬼アル卦官ノ方位ハ賊ノアル處子孫アル卦官ノ
方位ハ賊ノ來ラサル處トス○官鬼旺相發動スルハ亂賊ノ

勢甚盛トシ休囚安静ナルハ弱シトスモシ日辰動爻官鬼ヲ

制スルハスヘテ悉ナシ○亂兵我ノ地方ニ來ルヤ否ヤヲ占

フハ官鬼本官ノ内卦ニアリテ發動スルハ必來ル他官ノ外

卦ニアルハ來ラスモシ世爻ニツキ内卦ニアルハ我ノ家ノ

内ニ來ル外卦ニアリテ應爻ニツクハ我ノ家ニ入ラス卦身

二官鬼ヲ帶ルモ亦來ルトス、官鬼發動シテ退神ニ化スルハ

他所ニユク進神ニ化スルハ速ニ來ル早ク避ヘシ○内卦ヲ

家トス官鬼内卦ニアリテ發動スルハ家ニ居ルヘカラス外

卦ヲ路上トス官鬼外卦ニアリテ發動スルハ外ニ出テ賊ニ

アフトス○官鬼發動ストイヘ氏世爻ヲ刑冲克害セサルハ

禍ニアハスモシ刑冲克害スルハ逃レ难シ○官鬼發動シ世

爻ヲ刑冲克害ストイヘ圧日辰動爻ヨリ官鬼ヲ冲克スルハ

救フコトアリ○官鬼発動ストイヘ圧化シテ死墓空絶ニ入ル

ハ凶トイヘ圧大禍ナシ○月建日辰官鬼ヲ帯ヒテ世爻ヲ刑

冲克害スルハ卦中ニ官鬼ナシトイヘ圧禍ヲ免レス○官鬼

発動シテ世爻ヲ傷ハ、人トイヘ圧妻財発動シテ世爻ヲ傷フ

ハ財物ヲ貪ルニヨリテ禍トナルコトアリ○官鬼発動シテ世

爻ヲ刑克シ妻財ニ合スルハ其身捕ラレ妻妾ノ身ヲ汗サル

ルコトアリソノ上妻財化シテ兄弟トナルハユルサレテ皈ル

コトナリ难シ○官鬼世ニツクハ隠ルヽ圧逃レ難シ賊ニ捕ヘ

ラレタル寸ニ占フニハ逃レ皈ルコ能ハストス○官鬼火ニ

属シ発動シテ世爻ヲ克スルハ火ノ禍ニアフ水ニ属スルハ

水ノ禍ニアフ○官鬼発動スルハ日辰又ハ動爻ニアラス尼

其沖克ヲウクル者安穏ナラスモシ妻財ヲ沖スルハ婦女散

失シ子孫ヲ沖スルハ小児離レ迷フノ類○木爻ノ官鬼ハ藪

叢ノ中火爻ノ官鬼ハ炭ヤキ竃尾ヤキ塙鍛冶鋳物師ノ慶金

爻ノ官鬼ハ寺院水爻ノ官鬼ハ舟ノ中ナトノ類皆ヨロシカ

ラス○官鬼発動シテ子孫ニ化シ又ハ子孫妻財発動シテ世

爻ヲ生合スルハ禍ニヨリテ福アルフアリ○兄弟化シテ官

鬼トナルハ騒動ニヨリテ近所ノ者ナト叔掠スルフアリ真

賊ニアラス兄弟内卦ニアルハ近鄰外卦ニアルハ遠方ノ人

トス○妻財化シテ官鬼トナルハ騒動ニヨリテ奴僕ナト物

ヲ盗ミ隠スフアリモシ外卦ニアルハ近邊ノ婦女等トス○

官鬼衰弱トイヘ圧妻財発動シテ助クルハ財物ヲ貪ルニヨ
リテ禍ヲ生ス世爻ヲ克スルハ巳トシ應爻ハ他人トス○卦
中ニ官鬼両爻アリテ圧ニ発動シテ世ヲ克スルハ四面ヨリ
賊來ル○官鬼真空真破ニアフハ禍ナシ○官鬼伏藏ストイ
ヘ圧動爻日辰ヨリ飛神ヲ沖スルハ伏神提抜スル故ニ禍ア
リ○鬼墓ノ爻発動シテ世爻ヲ刑沖克害シ又ハ世爻ヲ持ス
ルハ墓地ナトニ隱ルヘカラス○子孫発動シテ我ヲ生スル
ハ亂妨アリトイヘ圧恐ルヽニタラス○子孫発動スルハ其
アル方ヲ吉トスモシ子孫安静ニシテ官鬼発動シテ官鬼ヲ
沖スルヌアルハ其沖スルヌノ方ヲ吉トスモシ子孫安静ニ
シテ官鬼ヲ沖スルヌモナキ寸ハ世ヲ生シ世ヲ合スルノ方

ヲ吉トス○子孫旺相発動スルハ吉○子孫世ニ ツキ安静ナ
ルハ吉発動スレハ大吉○子孫日辰又ハ月建ヲ持スレハ吉
○子孫化シテ官鬼トナルハ救援ノ輩騒動ニノリテ害ヲナ
ス○空巳ニアフノ父ハ遺失脱落又ハ不意ノ禍ヲ戒ムヘシ
妻財空巳ニアフハ財物ヲ脱落シ或ハ妻妾ニ禍アル/ノ類餘
ノ四類モ推シテシルヘシ○世爻卦身空巳ニアフハ高○三
合會局ノ兄弟ヲナスハ身ハ悪ナク庀財物散巳ス○三合會
合會局ノ官鬼ヲナスハ四面ニ賊アリ避ヘキヤウナシ○三
局ノ父母ヲナスハ小児ニ心ヲツケヘシ○三合會局ノ妻財
ヲナシテ世爻ヲ生合スルハ却テ財物ヲ得ヘシ世爻ヲ刑克
スルハ父母ノ属散失スルコトアリ○三合會局ノ子孫ヲナス

ハ吉〇用神冲克ニアフハ禍アリトイヘ圧旺相生扶スルハ

命ヲ喪フニ至ラスモシ衰弱ニシテ絶ニアフハ一克即命ヲ

喪フトス〇スヘテ第五爻発動スルハ四方ニ逃レ避ケテ安

心スルコナシソノ上日辰動爻ヨリ世爻ヲ冲スルハ身ヲチツ

クヘキ處ナシ〇六爻亂動又ハ六冲卦ニアフハ眷屬面々ニ

逃レ散リ一憂ニヲルコ能ハス

〈スヘテ課役ヲ免レ禍亂ヲ避ルノ類官鬼世爻ヲ傷ヒ又ハ

世爻ヲ持スルハ逃ル、コ能ハス官鬼空凶安静絶ニアフ圧

世下ニ伏スルハ後日ニ時ヲ得テ発スヘシ〇公邊ノ沙汰ヲ

占フニ官鬼発動ストイヘ圧日辰動爻ヨリ冲スルハ腹心ノ

友ナトアリテ救ヒ助ケテ免ル、〇官鬼化シテ父母トナリ

又ハ父母化シテ官鬼トナリテ世爻ヲ刑克スルハ公邊ノ沙
汰等ノ占ニハ召捕ラルヽコトアリ○官鬼伏藏シテ兄弟ノ其
飛爻ヲ冲セラルヽカ又ハ兄弟発動シテ冲スルハ親族ノ者
ナト我ノアル處ヲ穿鑿スルコトアリテ逃レ难シ○官鬼安静
ニシテ他ノ動爻世爻ヲ刑克スルハ下役ナトノ者ノ所為ト
スモシ兄弟ニ化スルハ財物ヲユスルトス○卦中ニ官鬼ナ
キカ又ハ空匕ニアフモ免ルヘシ○官鬼應爻ヲ傷フハ人ニ
難義ヲカケルコトアリ月建日辰ヨリ應爻ヲ傷フモ亦同シ○
子孫世爻卦身ニツキ又ハ月建日辰ヲ持シ又ハ発動スルハ
官鬼ニアフ厄妨ナシ空匕墓絶等ニアフハ凶○兄弟発動ス
ルハ費アリ○世爻卦身空匕ニアフハ官鬼発動ス厄妨ナン

○世又ハ又用神旺相シテ刑沖克害ニアフハ死墓空絶ニ化
セサルハ吉○六爻安靜ニシテ官鬼沖ナク併ナキハスヘテ
ノ課役災難免ルヘシ

　　總類

前ニ述タル天象以下避害ニ至ルマテノ諸條ハ世
人ノト筮ヲ問フモノコレヲ以テ多シトスル故ニ
今チテ其法ヲ論ストイヘ圧天下ノ萬事無窮ニシ
テ前條ノ外世人ノ來リ問フ者幾百條アルヲ知ラ
ス故ニ今又コヽニ前條ノ外數件ノ占法ヲ論シ其
大略ヲ述ヘテ初學ノ式程トナス前ノ諸條ヲ熟考
シテ又此數件ノ法ノ大意ヲ解セハ天下ノ萬事無

窮トイヘ圧推シテ盡スヘシ

△通斷

スヘテ何事ノ占ニ拘ハラス卦ヲ得テ其兆ヲシルヘキ者ア
リ下ニ述フ△父母発動シテ子孫ヲ克スルハ子孫疾アリ○
父母青龍ヲ帯ヒ旺相スルハ家宅新ナリ○父母白虎ヲ帯ヒ
休囚スルハ家宅敗ルル○卦中ニ父母両爻アルハ一家ニ両姓
アリ△官鬼両爻アリテ圧ニ旺相スルハ他人ト同居ス○官
鬼應爻ニツキテ世ヲ克スルハ災禍アリ○官鬼世ヲ持シ朱
雀ヲ帯ルハ口舌アリ○官鬼騰蛇ヲ帯ヒテ世ヲ持スルハ夢
多シ○官鬼木ニ属シ騰蛇ヲ帯ヒテ世爻ヲ持スルハ串頸ア
リ○官鬼戌ノ爻ニツキテ騰蛇ヲ帯ルハ犬亂吠ス○官鬼白

虎ヲ帯ヒテ発動スルハ病人アリ○官鬼白虎ヲ帯ヒテ臨ム
ノ又其人損耗ス○官鬼玄武ヲ帯ヒ應又ニツキテ発動スル
ハ失脱アリ○官鬼玄武ヲ帯ヒ発動シテ卦身ニツク八小人
生ル、○官鬼玄武ヲ帯ヒ水又ニ属シ忌然ヲ持スルハ水ニ
身ヲ投ル人アリ○官鬼玄武ヲ帯ヒ水ニ属スルハ鍋破ル、
コアリ○官鬼玄武ヲ帯ヒテ第二又ニツク八竈損スルコア
リ○官鬼休囚シテ空匕ニアフ八竈損スル○官鬼金又ニ属
シテ空匕ニアフハ佛ニ拱セス○官鬼五又ニツキ丑ニ属シ
空匕ニアフハ牛ヲ失フコアリ△子孫青龍ヲ帯ルハ子孫アルカ又ハ
ルハ雞ヲ失フコアリ○官鬼初又ニツキ玄武ヲ帯
家内ニ喜アリ○子孫勾陳ヲ帯ヒ土ニ属スルハ田地ヲ増ス

フアリ○子孫白虎ヲ帯ル八子孫失アリ○子孫白虎ヲ帯ヒ
テ空匸ニアフハ小児死ス○子孫空匸ニアフハカトナルモ
ノナシ△妻財発動スルハ父母実アリ○妻財旺相シテ墓ニ
入ルハ大ニ富ム○妻財青龍ヲ帯ヒテ外卦ニアルハ外ヨリ
財物ヲ得ル○妻財青龍ヲ帯ルハ家内ニ人ヲ増ス○妻財旺
相シ子孫青龍ヲ帯ルハ富貴トス○妻財休囚シテ耗財ヲ帯
ルハ貧賤トス○妻財官鬼ヲ帯ヒテ [妻財ノ下ニ官鬼アルヲ六空匸ニア]
フハ妻妾失フ○妻財多陳又ハ玄武ヲ帯ルハ衣裳ヲ失フ[
アリ○妻財玄武ヲ帯ヒ官鬼旺相スルハ盗賊アリ○妻財両
父アリテ旺スルハ妻妾アリ△兄弟朱雀ヲ帯ヒテ世又ハ應
ニワクハ争多シ○兄弟白虎ヲ帯ヒテ發動スルハ妻妾災ア

リ△朱雀又ハ白虎世爻ニツキテ官鬼ヨリ生扶スルハ訟事
多シ○朱雀水爻ニツクハ口舌来ル○騰蛇火爻ニツクハ痘
疹ヲ病ムコアリ○騰蛇酉爻ニツクハ雞亂啼ス○騰蛇白虎
ニツクハ鬼怪アリ△五類何レニテモ氣アリテ吉神ヲ帶ル
ハ其爻ニアタル人旺シテ盛トス△用神墓ニ入リテ救フ者
ナキハ其人病死ス△世爻它ニ空亡ニアフハ人来ラス△六
爻ミナ動クハ家安穏ナラス△卦中ニ火爻ニツアルハ両竈
トス△丑ノ爻空亡ニアフハ牛ナシ○酉ノ爻空亡ニアフハ
雞ナシ○戌ノ爻空亡ニアフハ犬ナシ

△國事

國家ノ事ヲ占フニハ大歳ヲ君トシ大歳ノ合ヲ后妃トシ日

辰ヲ太子トシ月建ヲ臣下トシ他官ノ子孫亦臣下トシ将星

ヲ臣下ノ大将トシ〔将星トハ卯午酉子ノ四支ヲ云〕本官ノ卦ヲ國家トシ父

母又國家トス又五爻ヲ君トシ四爻ヲ大臣トシ二爻ヲ臣下

トシ初爻ヲ庶民トス詳ニ前ノ爻象ヲ論スル所ニ見ハル○

モシ君タル人自ラ占フニハ世爻ヲ已トシ應爻ヲ后妃トス

應爻亦他國ノ君圧ナスヘシ餘ハ前ニ同シ○妻財子孫青龍

等ヲ持スルハ君ハ明トシ臣ハ忠トシス○テ善良トス官鬼

兄弟ヲ持スルハ君ハ暴トシ臣ハ諫トシス○テ邪悪トス○

本官衰弱ニシテ大歳ノ克ニアフハ國家乱ヒノ兆ニ、ス○右

ノ外身命養人等ノ條ヲ合セ考フヘシ

△戰争

軍ヲ行リ兵ヲ用ルヲ占フニハ世ヲ我トシ應ヲ敵トシ子孫

ヲ我ノ大将トシ又我ノ士卒トシ官鬼ヲ彼ノ大将トシ父母

ヲ旌旗トシ金爻ヲ鐘太皷トシ妻財ヲ兵粮トシ兄弟ヲ伏兵

トス兄弟應ヲ克スルハ我ノ伏兵世ヲ克スルハ敵ノ伏兵陽

爻ハ晝ノ伏兵陰爻ハ夜ノ伏兵トス○世爻子孫ヲ持スルハ

大将智能アリテ敵ニ勝ツヘシ父母ヲ持スルハ士卒ヲ惠ム

心ナシ○世爻子孫ヲ持スレトイヘ厑衰弱ナルハ勝利ヲ得ス

モシ月建日辰ノ生扶アレハ骨ヲリテ勝ヲ得ヘシ○官鬼暗

動シテ世爻卦身ヲ克スルハ忍ヒノ者ニ殺サル丶コト用

心スヘシ○水爻ノ官鬼世爻卦身ヲ傷フハ水軍ニ敗ヲトル

火爻ハ圍マル丶トスモシ子孫旺相発動スルハ圍マル丶厑

勝ヿアリ○子孫両爻アリテ世爻卦身ヲ生スルハ二将心ヲ

合セテ勝利ヲ得ルヿアリ○應爻官鬼ヲ持シテ旺相スルハ

敵ノ大将智能アリ子孫発動スト云ヘ圧大ニ勝利ヲ得难シ

自ラ守リテ戦ハサルヲ吉トス○子孫應爻ニ合スルハ安静

ハ内通トシ発動ハ降参トス○水爻ノ子孫発動スルハ舟軍

ニ利アリ火爻ノ子孫発動スルハ柵ヲ結ヒテヨシ○子孫化

シテ死墓絶空ニ入リ應爻官鬼父母ヲ持シテ世爻卦身ヲ傷

フハ大敗トス○子孫両爻アリテ旺相発動スト云ヘ圧化シ

テ死墓絶空ニアフハ敵ニ勝チタル後ニ權威ヲ争ヒ功ヲ競

フテ各自滅ヲ招クヿアリ○卦中ニ妻財ナキハ兵粮少シト

スモシ子孫衰弱ニシテ應爻ニ合スルハ食盡キラ降参ス○

子孫旺相ストイヘ厄動爻日辰ノ刑沖克害アルハ敵ニ謀ア
リ急ニ攻ムヘカラス○官鬼衰弱トイヘ厄動爻日辰ノ生扶
拱合アルハ援兵アリ○又ハ心テ兵具ハ官鬼ヲ用神トスレ厄
別チテ占フ時ハ五行ハ水木ヲ舟トシ火ヲ鉄炮石火矢狼烟
トシ金ヲ鎗長刀弓矢トス八卦ハ乾兌ヲ鎗長刀トシ震巽ヲ
馬トシ艮ヲ楯幕トシ坎ヲ穽トシ離ヲ鉄炮トシ坤ヲ陳屋又
ハ戦場トス此等ノ應爻ヲ克スルモノハ用ヒテ利アリ世爻
ヲ克スルハ敵ヨリ哭物ヲ用ユルナラン

△報讐

仇讐ヲ報ルノ占法ハ君ノ仇父ノ仇師ノ仇等ニ扨ハラス皆
應爻ヲ以テ仇トシ世爻ヲ我トシテ子孫ヲ助太刀ノ人トシ官

鬼ヲ彼ノ助太刀ノ者トス尋チテ見ヘサルトヲ占フ
ハ大抵逃亡ノ占法ニ同シ勝負ヲ占フハ世應ノ強弱ヲ以テ
考フヘシ○世爻子孫ヲ持シテ旺相発動シ又ハ十日月ノ生扶
アリ應爻衰弱ニシテ月日動爻ノ生扶ナキハ十分ニ勝ヲ得
ヘシ○世爻官鬼ヲ持シテ應爻旺相発動シ又ハ月建日辰ヲ
帯ヒテ世爻ヲ冲克スルハカヘリ討ニアフコトアリモシ世爻
空匕ニアフハ難ヲ免ル、トス○世爻発動シテ應爻ヲ冲克
スルハ吉トイヘ圧化シテ絶ニアヒ刑ニアヒ日月ノ冲克ニ
アフハ本意ヲ達シテ後ニ上ヨリ咎メラル、コアリモシ應
爻ヲ冲克セサルハ本意ヲ達セサル内ニ咎ニアフコトアリ
○世爻空匕ニアヒ又ハ空匕ニ化スルハ志怠ルカ又カ弱ク

シテ本意ヲ達セスモシ日辰動爻ヨリ沖起シ或ハ合起スル
ハ人ニハケマサレカヲクヘラレテ本意ヲ達スルコトアリ○
世爻衰弱トイヘ圧動爻旺相生扶シテ應爻ヲ沖克スルハ我
ノ助太刀強キ故ニ本意ヲ達スルコトアリ○應爻空匕ニアフ
ハ容易ニ尋子得难シモシ動爻日辰ノ沖アレハ人ニ其隠ル
ル處ヲ教ヘラルヽコアリ應爻化シテ空匕トナルモ亦同シ
○間爻発動シテ世爻ヲ克スルハ本意ヲ達セサル内ニ旅中
ナトニテ不意ノ難ヲ防クヘシモシ其爻應爻ヲ生シ又ハ合
スル類ハ仇方ヨリセシムルトス○一味連判ナトシテ仇ヲ
報スルハ兄弟ヲ以テ同志ノ者トス空匕伏藏ニアヒ又ハ日
月ノ刑沖克害ニアフハ其人志堅カラサルカ弱キカモシ

化シテ空亡ニアヒ絶ニアフハ後ニ違變スルカ或ハ果サズ

シテ死亡スルトス○兄弟発動シテ應爻ヲ生合スルハ一味

連判ノ者心カハリテ仇ニ内通スルコアリモシ世應兩爻ヲ

生スルハ中人トナリテ和ヲトリモツコアリ○兄弟発動シ

テ世爻ヲ沖克スルハ應爻ヲ生合セサレハ一味ノ者ニ妨ヲ

ル、コアリ或ハ其謀ナト同意セサルノ類トス子孫発動シ

テ世爻ヲ沖克スルハ助太力スル者ニ妨ケラル、トス○妻

財発動シテ應爻ヲ沖起スルハ妻妾奴僕ナトニ密計ナトヲ

モラサル、コヲ用心スヘシ父母子孫兄弟ニテモ同シトス

モシ應爻空亡ニアフテ動爻コレヲ沖起スルハ却テ其人ノ

カニヨリテ本意ヲ達スルコアリ

△靈祟

神靈ノ祟又ハ生靈死靈等ヲ占フハ皆官鬼ヲ以テ用神トス

旺相スルハ神トシ生靈トシ休囚スルハ佛トシ死靈トス陽

又ハ神トシ男神トシ男人トシ陰又ハ佛トシ女神トシ女人

トス其アル所ノ方角ハ卦官ノ方位ヲ以テ推スヘシ○何神

何佛ナルコヲシルニハ八卦五行六神ヲ以テ推スタトヘハ

官鬼乾宮ニアリ火ニ属シテ青龍ヲ帯ルハ天照太神又ハ大

日如来ノ類トシ兊宮ニアリ水ニ属シテ青龍ヲ帯ルハ辨才

天ノ類トシ離宮ニアリ金ニ属シテ白虎ヲ帯ルハ不動明王

ノ属トシ震宮ニアリ木ニ属シテ勾陳又ハ白虎ヲ帯ルハ稲

荷ノ類トシ巽宮ニアリテ青龍ヲ帯ルハ藥師ノ類トシ坎宮

ニアリテ玄武ヲ帯ルハ歓喜天ノ類トシ艮官ニアリテ白虎
ヲ帯ルハ愛宕ノ類トシ坤官ニアリテ句陳ヲ帯ルハ田ノ神
又ハ土神トシ或ハ離ヲ釜ノ神トシ坎ヲ水神トシ艮ヲ山ノ
神トシ兌ヲ愛染又ハ大極天トシ震巽ヲ雷神風ノ神等トス
又子ノ爻ハ大極天丑ノ爻ハ牛頭天王巳ノ爻ハ弁才天午ノ
爻ハ馬頭観音ナトスルコモアリ況々ノ推シテ活断スヘシ○
何人ノ靈ナルコヲ推スニハ官鬼卦身ヲ克スルハ官鬼ノ属
ノ人トシ官鬼卦身ヲ生スルハ父母ノ属トシ官鬼卦身ニ克
セラルヽハ妻財ノ属トシ官鬼卦身ニ生セラルヽハ子孫ノ
属トシ官鬼卦身ト比和スルハ兄弟ノ属トス○官鬼発動ス
ルハ其化出スル五類ヲ以テ何人ノ靈ナルコヲシルヘシ○

心一堂術數古籍珍本叢刊 占筮類

官鬼伏藏スルハ其飛爻ノ五類ヲ以テ何人ノ靈ナルコヲシ
ルヘシ○官鬼発動シテ妻財ニ合シ或ハ妻財化シテ官鬼ト
ナリ官鬼化シテ妻財トナリテ自ラ合ニ化スルハ密通シタ
ル人ノ崇トス○官鬼刑ヲ帯ルハ横死ノ者ノ靈トス五行ヲ
以テ其何ニテ死シタル人ト云ヲシルヘシ木爻ハ打傷毒害
火爻ハ燒死土爻ハ断食金爻ハ劍戟水爻ハ溺死等トスルノ
類ナリ○官鬼絶ニアフハ祀ヲ廃シ墓ヲ掃除セサル類ノ崇
トス○官鬼世ニツクハ神佛等ニ報スヘキ恩アリテ謝セサ
ルノ崇トス○官鬼第二爻ニアリテ発動スルハ住宅ノ障ト
スルコアリ○官鬼第二爻ニアリテ木爻ニ属シテ安静ナル
カ或ハ木爻ノ官鬼父母ノ下ニ伏藏スルハ棺ノアル所ヨロ

四五八

シカラサルニヨリテ崇ヲナスコトアリ○第三爻空巳ニアフ
ハ其家先祖ヲ祭ラストス○官鬼土ニ属シテ勾陳ヲ帯ルハ
造作ニ土ヲ動カスニヨリテ崇ヲナストス○官鬼騰蛇ヲ
帯ルハ妖怪ノ所為トスル○官鬼騰蛇ヲ
陰象ニアルハ夢アリトスモシ用神ヲ冲克スルハ夢中ニ見帯ヒテ陰官
タル物ノ崇トス○卦中ニ官鬼ノ墓爻アリテ発動スルハ屍
髏ノ崇トスルコトアリ○卦中ニ官鬼ノ墓爻アリテ発動スル
ハ神靈ヲ安置スル處ヨロシカラサルニヨリテ崇ヲナスコト
アリ○卦中ニ官鬼ナクシテ日辰官鬼ニアフハ新死ノ者ノ
靈トスモシ日辰官鬼ニシテ卦中ニ又官鬼アルハ近キ頃ノ
願成就ノ報礼ヲ神佛ニイタサヽルノ崇トス

△墳墓

墳墓ノ占法世爻ヲ穴トス又凶人生レ性ノ爻ヲ穴トスタト

凶人甲午乙未ノ年ニ生ル、人ナレハ金性トスヘハ

ル故ニ卦中ニアル申酉ノ爻ヲ穴爻トスルハノ類〇世爻初二

両爻ノ内ニアルハ後代ニ至リテ公侯将相ヲ出ス三四両爻

ノ内ニアルハ子孫富貴繁榮ス五上両爻ノ内ニアルハ後一

至リテ家系ツ、カス〇游魂ノ卦ハ動ク故ニ商旅ノ人ヲ出

シ歸魂ノ卦ハ滯ル故ニ不吉〇六合ノ卦ハ吉〇

ノ生合ニアフハ吉スヘテノ沖克ニアフハ凶〇世爻坎官ニ

アリテ玄武ヲ帯ヒ歳破又ハ月破ニアフ家ニ盗人ヲ生ス

ルカ又ハ盗難ニテ死スルコアリモシ咸池ニアヒ合ニアフ

ハ女滛奔スルカ又ハ姣女トナルコアリ或ハ世爻ニ胎爻ヲ

持シテスヘテノ克ヲウクルハ難産又ハ墮胎ノコアリ○穴
爻世爻ニツキ又ハ世爻穴爻ト相生ン相合シ又ハ八月日ノ動爻
ヨリ世爻又ハ穴爻ヲ生合スルハ吉○世爻丑辰未戌ノ爻又
シテ穴爻ヲ持ン勾陳ヲ帶ヒテスヘテ冲克ニアフハ田畠又
ハ破レ窪ミナトノ地トス○穴爻空凶ニアフハ死人ノ占ニ
ハ忌ム生人ノ占ニハ却テ吉トス○穴爻日辰ヨリ進神ニア
タリテ子孫妻財ヲ持スルハ吉慶多シタト占ニ巳卯ノ穴爻ニシテ戌寅ノ日ノ
持スルノ類ヒ○穴爻ヨリ生スル爻子孫ヲ持シテ貴人禄馬
等ノ吉星ヲ帶ヒ歳月日ノ内何レニテモコレニ臨ム八家ニ
貴官ノ人ヲ出ス○世爻穴爻ト三合會局ヲナシ又ハ青龍白
虎ノ二爻穴爻ト三合會局ヲナスハ吉○世應兩爻厄ニ穴爻

ヲ生合スルカ又ハ青龍白虎ノ二爻死ニ爻爻ヲ生合シ或ハ

又穴爻世應ノ間ニアルハ吉○世應青龍辰ノ爻白虎寅ノ爻

ニアフハ吉タ、モシ穴爻ヲ克スルハ凶○應爻亥子ノ爻ニ

ツキ玄武ヲ帯ヒテ水局ニアフハ溝堀池井ナトノ地トス○

五類何レニテモ卦中ニアリテスヘテノ傷克ラウクルカ又

八卦中ニタヘテナキハンノ類ニヨリテ後ニ鰥寡孤獨ノ人

アルヘキ「ヲシル父母ナラハ孤子出ルトシ官鬼ナラハ寡

婦出ルトスルノ類○官鬼休囚死絶ニアフハ其側ニ古冢ア

リ或ハ長生ニアヒ又ハ長生ニ化スルハ其側壽穴アリ○官

鬼朱雀ヲ帯ヒンノ上動爻日辰穴爻ニ入ルハ地ヲ争フテ訟

ニ及フ「アリ○父母爻発動シテ子孫コレニ絶スルハ家督

ナシ○青龍ノ父子孫ヲ持シ氣アリテ穴父ヲ生スルハ吉白虎
ノ父父母ヲ持シテ穴父ヲ生スルモ亦吉○青龍穴父ニツキ
年月日ノ内ニ臨ミテ相生シ相合スルハ子孫多シ○青龍父
妻財ヲ持シ子孫生旺シテ穴父ト生合スルハ墓ウルハシク
長ク保ツ○白虎月破ニアヒ世父ヲ持シ穴父ヲ持シ卦身ヲ持
スルハ古キ墓地トス○玄武ノ父金ニ属シテ穴父ニツキ又
ハ穴父ノ下ニ伏藏スルハ石アリテ又水涌クノ地トス○亥
子ノ父妻財又ハ子孫ヲ持シ内卦ニアリテ世父又ハ穴父ト
生合スルハ吉○旺相ノ父発動シテ亥子又ハ巳午ナルすハ
其穴民居ニ近キ處トス
△ヤムコヲ得サルニ非レハ占ハサル數事

世ノト筮ヲ問フ者萬変ニシテ窮ナシ其間婦人孃孕シテ墮
胎セント欲シ其果ノ墮ルル不墮ト其身ヲ害スル不害ヲ問
フ者アリ此不仁不義ノ甚シキ既ニ天理ニ背キ又人情ニ逆
フ決シテ占フヘキ所ニアラス昔人ト筮ヲ以テ業トナシテ
人ノ子ニハ孝ヲス、ヽ人ノ臣ニハ忠ヲハケマシ仁義ノ道
ニ導キシコアリ今世ノ人モトヨリ古人ニ及フコ能ハスト
錐志アル者正シク此意ヲ用ユヘシ如此ノ事何ノ占フヘク
ンヤ又不貞ノ婦人衆男ニ交通シテ孃孕ニ及ヒ其誰人ノ子
ナルコヲ知ラスシテ問フ者アリ衰俗ノ甚シキ歎スルニ餘
アリ又世ニ娼妓ヲ養ヒ色ヲ賣リテ生産トナス者アリ國家
ノ風俗ヲ敗リ人ヲ不義ニ陷シイルタトヒ死ニ至ル氐君子

ノナスヘキ呎ニアラス然レ厊嶋原新吉原新町吉原九山室
七尾等ノ地ノ如キハ其禁ナキ故ニ其非義ナルヲモシラス
シテコレヲ以テ業トスル者幾千萬人ト云ヲシラス賣筮ヲ
業トスル者コレカ為ニ吉凶ヲ斷スルコモトヨリヤムコヲ
得サルコアリ其他博奕シテ勝ツ不勝ヲ問ヒ人ノ妻女ヲ挑
ミテ應スル不應ヲ問ヒ人ヲ欺キ詐リテ信スル不信ヲ問フ
ノ類易道ノ廣大モトヨリ包括セサルコナシト雖決シテ占
フヘキ呎ニアラス但親戚密友ナトアリテ其人ヲ愛シ惜ム
ノ甚シキヨリ其吉凶成敗ヲ問フノ類ニ至リテハ或ハヤム
コヲ得サルコアリ鬼神モ告クサルコナシシカレモモトヨ
リ筮法ノ本意ニアラサル故秘シテコヽニ著ハサスシカレ

凡善ク學フ者前ニ述ベタル數條ノ精微ニ通達セハ意會ノ

自ラ得ルコ モアランカ

五行易指南卷八 終

五行易指南巻九

霓門　鼓岳子　述

占驗釋義

〇月生日克日生月克ノ者動爻ノ生克ニヨリテ吉凶ヲナス

辰月丙申日　既濟之革

第ノ大病甚危キニヨリ

テ占フ

兄	▬▬　　▬▬	子戌　應
官	▬▬▬▬▬	申亥化　卯
父	✕	申亥化　亥卯
兄	▬▬▬▬▬	亥　世
官	▬▬　　▬▬	
子	▬▬▬▬▬	

断日用神亥ノ兄弟月ヨリ克シ日ヨリ生シテ動爻ノ生

アリ是危シトイヘ圧救フ者アリトス果シテ其日酉ノ

時良醫ヲ得テ亥ノ日ニ全ノ差ユ

二月丁未日　困之恒

未
酉申化　亥
午酉化　辰
寅

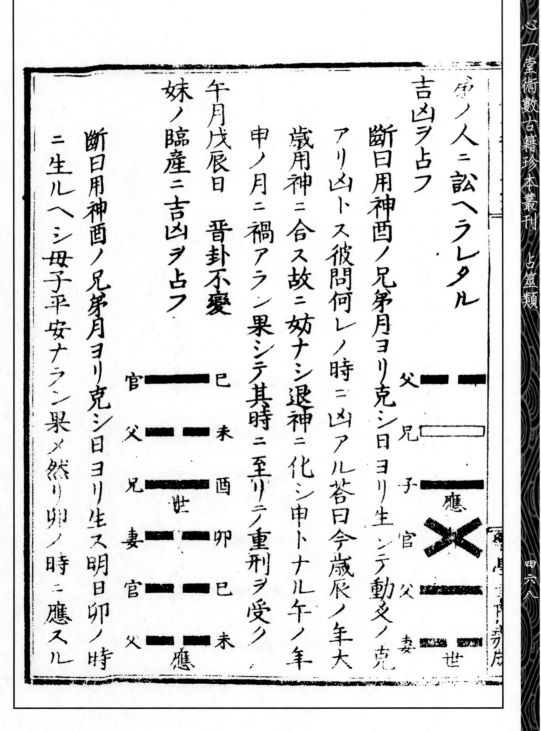

牢ノ人ニ訟ヘラレタル

吉凶ヲ占フ

斷曰用神酉ノ兄弟月ヨリ克シ日ヨリ生シテ動タ父ノ克

アリ凶トス彼問何レノ時ニ凶アル荅曰今歳辰ノ年大

歳用神ニ合ス故ニ妨ナシ退神ニ化シ申トナル午ノ年

申ノ月ニ禍アラン果シテ其時ニ至リテノ重刑ヲ受ク

午月戊辰日　　晋卦不憂

妹ノ臨産ニ吉凶ヲ占フ

斷曰用神酉ノ兄弟月ヨリ克シ日ヨリ生ス明日卯ノ時

ニ生ルヘシ母子平安ナラン果メ然リ卯ノ時ニ應スル

父　世

兄

子官　父

妻　　應

官　巳

父　未

兄　酉世　卯

妻　巳未

官　卯

父　應

八用神日辰ニ合住セラレ沖ニアフテ開クナリ

巳月乙未日　大過之鼎

自身ノ病ヲ占フ

妻	未巳化 ✕
官	酉未化 ⚋ 世
父	亥 ▬
官	亥 ▬
父	丑 ▬
妻	卯 ⚋ 應

断曰用神亥ノ世爻貪生忘克ニアフ凶ヲ変シテ吉トナ
ス但日ヨリ克シ月ヨリ沖ス原神酉爻發動スドイヘ圧
生シテ生スル丁能ハス果メ卯日死ス是原神ヲ沖スル
ノ日忌神トモニ用神ヲ克スルナリ原神忌神ニ發動
克サレ圧原神ハ冲ニアフ故ニ忌神ヨリ
克スルノ時二アラスシテ生スルカナキナリ

○面頭克ニアフテ凶トスル者

卯月癸亥日ニ需之乾

子戌化　戌　申午化　辰　寅　子

家宅ノ吉凶ヲ占フ

断曰申ノ子孫世ニツキ囲頭克ニ化ス其身子孫卜庄ニ
克ヲウクルトス子ノ妻財亦囲頭克ニ化ス是妻妾奴僕
尸ニ克ヲウク一家皆克セラル後午ノ月火旺スルノ時
世ヲ克シ土ヲ助ケテノ財ヲ克シ財月破ニアフテ家内数
人皆火災ニアフテ焼死ス

妻　×
兄　━
子　× 世
兄　━
官　━
妻　━ 應

寅月辛酉日　艮之明夷

開店商賈ノ吉凶ヲ占フ

断曰世爻月令ヲ得眼前吉昌卜ス但日辰世ヲ克シ又囲

官　世　　寅化
妻　━━　　子戌
兄　━━　　戌申
子　應　　申午
父　━━　　午
兄　×　　辰卯化

五行易指南（虚白廬藏和刻本）

頭克ニ化シ官鬼世爻ニツク世墓ニ入ルノ時病ヲ防ク

ヘシ果メ未ノ月病ヲ得酉ノ月店ノ代呂物欺キ盗一レ

テ官ニ訟フ

申月戊午日　　遯之姤

自ラ久病ニヨリテ今年中ハ　　　　　　　　　戌　　父 ▬▬▬▬

無事ニテ過スヘシヤト占フ　　　　　　　　　申　兄 ▬▬▬▬ 應

断日世爻日辰ヲ持ス旺相メ吉卜云ヘシ但月建亥水ヲ　午　申　官 ▬▬▬▬

生シ回頭メ世ヲ克ス凶卜ス果メ亥月戌日ニ死ス亥月　　兄 官 ▬▬ ▬▬ 午亥化

二應スルハ午火ハ日辰ナル故ニ亥水令ヲ得サレハ克　　官 父 ▬▬ ▬▬ 辰　世 ✕

スル丁能ハス戌ノ日ハ午火ノ墓ナリ

卯月乙未日　　家人之小畜　　卯　巳　未　亥　丑寅化　卯

四七一

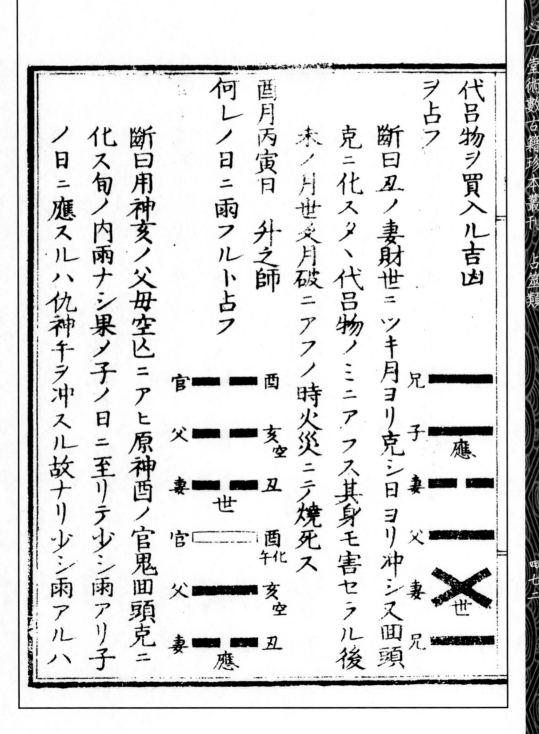

代呂物ヲ買入ル吉凶
ヲ占フ

断日丑ノ妻財世ニツキ月ヨリ克シ日ヨリ冲シ又囬頭
克ニ化スタヽ代呂物ノミニアフス其身モ害セラル後
未ノ月世爻月破ニアフノ時火災ニテ焼死ス

酉月丙寅日　升之師

何レノ日ニ雨フルト占フ

断日用神亥ノ父母空区ニアヒ原神酉ノ官鬼囬頭克ニ
化ス旬ノ内雨ナシ果ノ子ノ日ニ至リテ少シ雨アリ子
ノ日ニ應スルハ仇神チヲ冲スル故ナリ少シ雨アルハ

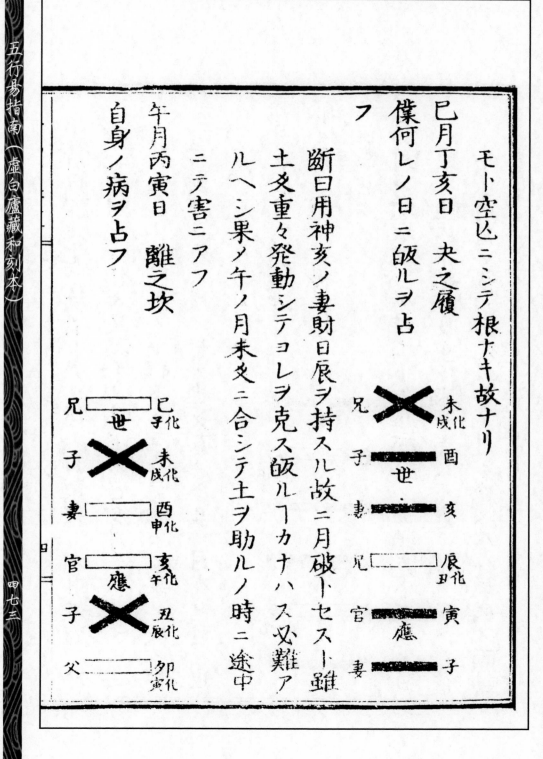

モト空凶ニシテ根ナキ故ナリ

巳月丁亥日　夬之履

僕何レノ日ニ敗ルヲ占フ

断曰用神亥ノ妻財日辰ヲ持スル故ニ二月破トセスト雖

土爻重々発動シテコレヲ克ス敗ルヿカナハス必難ア

ルヘシ果ノ午ノ月未爻ニ合シテ土ヲ助ルノ時ニ途中

ニテ害ニアフ

午月丙寅日　離之坎

自身ノ病ヲ占フ

兄　✕　未成化

子　世　酉

妻　亥

兄　辰丑化

官　寅　應

妻　子

兄　世　巳子化

子　✕　未成化

妻　酉申化

官　應　亥午化

子　✕　丑辰化

父　卯寅化

断日離火化ノ坎水トナル卦ノ囘頭克トス用神巳ノ世

爻囘頭克ニ化ス又反吟ノ卦トス目今月ヨリ比シ月ヨ

リ生スル故障サシト雖冬ニ至リ○○囘トス果メ戌ノ月

丁亥ノ日死ス戌ノ月ハ世爻墓ニ入ルノ月亥ノ日ハ世

ヲ沖克スルノ日ナリ

卯月乙酉日　坎之坤

船ニ乗リ運賃ヲ得ルノ

吉凶ヲ占フ

兄 ▬▬ 世	子	戌化
官 ▬ ▬		申
父 ▬▬▬	午	
妻 ▬ ▬ 應		辰巳化寅
官 ▬ ▬		
子 ▬▬▬	子	

断日坎水化シテ坤土トナル亦卦ノ囘頭克トス世爻日

ヨリ生スト雖動爻重々来リ克ス不意ノ禍アルヘシ後

午ノ月舟ヲ覆シテ死ス午ノ月ニ應スルハ辰戌ノ両動

爻春ヲ過キ夏火ノ時ニ威ヲ増シ世爻月建ノ冲ニアフ

故ナリ此船賃ヲ占フテ死生ノ告ケアリ是ヲ軽キヲ占

フテ重キニ應スト云ナリ

○原神ノ強弱ニヨリテ吉凶ヲナス者

申月戊辰日　同人之離ノ

夫ノ近病ヲ占フ

		戌空冲
子	應	申未化
妻		午
兄		亥空
官	世	丑
子		卯
父		

断日用神亥ノ爻世ニツキ墓ニ入ル随官入墓トス大凶

ト云ヘシ然レ圧原神申ノ爻発動シテ用神ヲ生シ戌ノ

爻暗動シ未ノ爻回頭シテコレヲ助ク是其根甚固シ但

亥ノ爻空凶ニアフテ原神ノ生ヲウケス巳ノ日コレヲ

冲スルノ時愈ユヘシ果ノ巳巳日全ク瘥ユ

丑月戊子日　同人之旅

自身ノ近病ヲ占フ

子	應	戌
妻		申未化
兄		午
官	世	亥
子		丑
父		卯辰化

断日用神亥ノ世爻日ヨリ拱シ又原神ヨリ生ス小死ト
スタ、原神化シテ空亡トナリ月破ニアフ是根ナキナ
リ眼前障ナシト雖春月ニ危シ果ノ立春ノ日死ハ是原
神月ノ冲ニアヒ未ノ爻又春木ノ克ニアフ故ナリ

寅月乙丑日　升之師

父ノ病ヲ占フ

官		酉
父		亥空
妻	世	丑
官		酉午化
父		亥空
妻	應	丑

断曰用神亥ノ父母空凶ニアフ卜雖原神ヨリ生ス但原

神田頭克ニアフ是根ナシトス果ノ卯ノ日卯ノ時ニ死

ス即仇神午ノ父ヲ生シ原神ヲ冲スルノ時ナリ

○三合會局シテ吉凶ヲナス者

打擲ニ及フ沙汰ヲ占フ

両村水カ、リヲ争ヒ互ニ

卯月丁巳日　離之坤

兄　▬▬▬　世　　巳酉化　未

子　▬　▬　　　　　未

妻　▬▬▬　　　　酉丑化

官　▬▬▬　應　　亥卯化　丑

子　▬　▬　　　　子

父　▬▬▬　　　　卯未化

断曰内卦ヲ我村トシ外卦ヲ彼村トス内卦亥卯未木局

ヲ成ス外卦巳酉丑金局ヲ成シテコレヲ剋ス然レ圧モ

旺シテ又日辰ヨリ金ヲ克ス殊ニ六冲化シテ六冲トナ

ル其事散スヘシ果ノ然リ此占内外両卦氏ニ局ヲ成ス

神ノ妙用ナリ

寅月丙辰日　乾之小畜

選舉ニアフノ時ヲ占フ

父　世　戌申

兄　　　午未化

官　　　辰寅

父　應

妻　　　子

子

斷曰用神午ノ官鬼發動シ戌ノ爻暗動ス月建ヲ合セテ

用神局ヲナス當月選舉セラルヘシ此虛ヲ補用ヲトヽ云

卦中ニ寅ナキ故虛一トヽ云ナリ此占モシ寅ノ爻ノ發動

アレハ午ノ官鬼未ニ合セラル、故冲ノ月ヲ待テ應ス

ヘシ今然ラサル故ニ如此ニ斷スルナリ

丑月己卯日　乾之賁

父ノ急病ヲ占フ

世　戌

　　申子化

　　午戌化

應　辰

　　寅丑化

　　子

父兄官父妻子

断日用神戌ノ父母ノ日辰ノ合ニアフ近病ハ合ニ利シカ
ラス幸ニ三合會局メ原神ト　ナリ発動ノ用神ヲ生ス明
日辰ノ日愈ユ、シ果ノ然リ辰ニ應スルハ合ニアフモノ
冲ヲ待ツナリ

姑ノ病ヲ占フ

丑月戊午日　　離之明夷

兄 ▭▭▭　巳　酉化　世
子 ▬▬▬▬　未
妻 ▭▭▭　酉　丑化
官 ▬▬▬▬　亥　應
子 ▬▬▬▬　卯
父 ▬▬▬▬

断日用神卯ノ父母三合會局メ是ヲ克スタ、丑又空亡
ニアフ旬内障ナシ乙丑ノ日危シ果メ丑ノ日酉ノ時死
スコレ出旬ノ日ニ應スルナリ

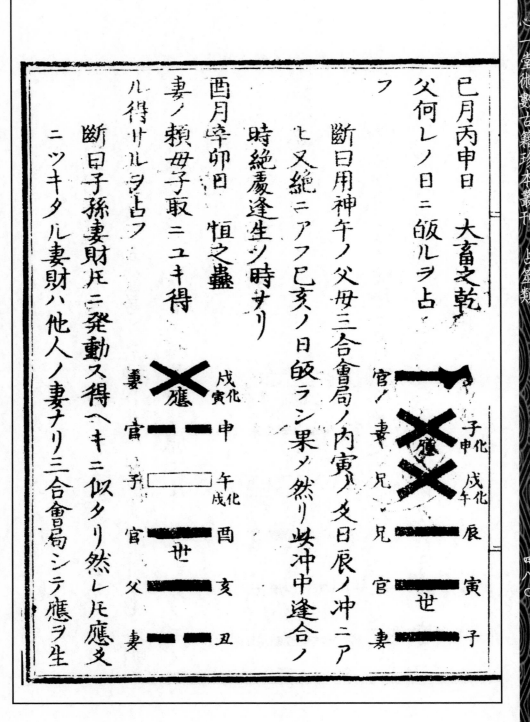

巳月丙申日　大畜之乾ニ

父何レノ日ニ皈ルヲ占フ

断曰用神午ノ父母三合會局ノ内寅ノ爻日辰ノ沖ニア
ヒ又絶ニアフ巳亥ノ日皈ラン果ノ然リ此沖中逢合ノ
時絶處逢生シ時サリ

酉月辛卯日　恒之蠱

妻ノ頼母子取ニユキ得
ル得サルヲ占フ

断曰子孫妻財尤ニ發動ス得ヘキニ似タリ然レ圧應爻
ニツキタル妻財ハ他人ノ妻ナリ三合會局シテ應ヲ生

官ノ妻　兄　兄　官　妻

子　妻　兄　官　妻

子申化　戌午化　辰　寅　子

妻　　戌寅化
應
官　　申
子　　午戌化
官　　酉
世
父　　亥丑
妻　　寅

シ世ヲ克シ日辰モ應ニ合シ世ヲ沖ス是妻財子孫出現

ストイヘ圧我ニ情ナク彼ニ情アリ我妻得ルヿ能ハス

果ノ鄰人ノ妻コレヲ得タリ

○反吟ノ卦ヲ得テ吉凶ニ軽重アル者

嫂ノ病再發シタル吉凶

ヲ占フ

未月丁巳日　剥之坤

断日艮變ノ坤トナル卦反吟トス即其再発ノ象用神寅

ノ妻財回頭克ニ化シ又日辰ノ刑ニアフ申ノ日危シ果

メ然リ

巳月戊申日　小畜之乾

妻　　　　　　　　寅　酉化子

子　　世　　　　　子　戌

父　　　　　　　　卯　巳未

妻　　　　　　　　官

官　　應　　　　　父

父　　　　　　　　寅

卯

巳　未化

未　午化

辰

寅

子

サキノ慶ヘ復性テ商賣
シテ利アリヤト占フ

断曰巽変ノ乾トナル卦反吟トス幸ニ世爻妻財厄ニ長
生ニアフ又應爻ヲサキノ慶トナシ囬頭ノ生合ニアフ
前度ヨリモ利アリトス後ケ人三度往來シ倍々ノ利ヲ
得タリ

卯月戊子日　巽之夬
墓地ノ吉凶ヲ占フ

断曰世ヲ穴トス月建ヲ持シ日ヨリ生ス吉トイヘ毛爻
反吟ニアフテ子孫世爻厄ニ冲克ニ化ス葬ムヘカラス

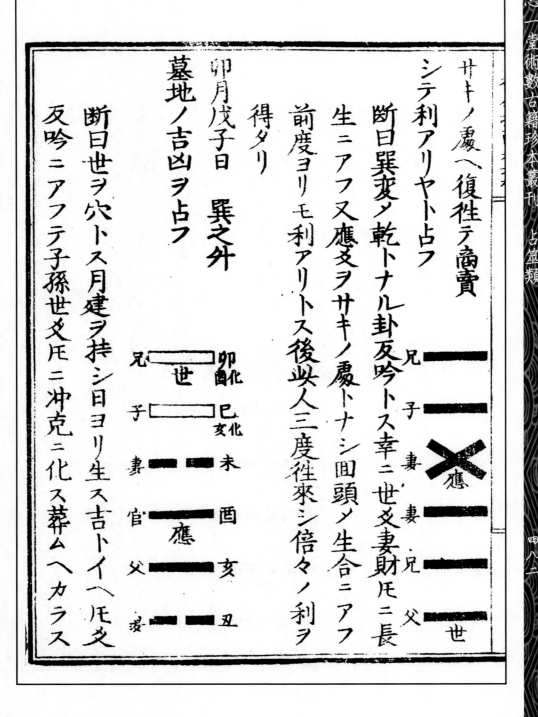

其人信セスシテ塞ム後四年ノ内自身弁ニ二子一女皆

殷々ニ死タリ

○伏吟ノ卦ヲ得テ凶トスル者

申月乙卯日　无妄之大壯

亂兵來リ入ルニヨリテ家内

何レノ處ニ逃ルヘキヲ占フ　妻　━━　━━　戌化

　　　　　　　　　　　　　　官　━━　━━　申化

　　　　　　　　　　　　　　子　━━━━　午　世

　　　　　　　　　　　　　妻　兄　╳　辰化　寅化　子

　　　　　　　　　　　　　　　　╳

　　　　　　　　　　　　　　父　━━━━　應

斷曰内卦伏吟憂鬱ノ象幸ニ日辰世ヲ生シ月建父母ヲ

生シ皆安靜自身父母トヒニ障ナシトスタ、兄弟伏吟

又月破ニアフ兄弟ニ難アルヘシ其人曰我父母西方ニ

アリ悉ナキヤ答曰西方金ニ屬シ父母ヲ生ス決シテ恙

ナシ汝ハ東方ニ逃ルヘシ東方木ニ屬シ午火ヲ生ス妻

僕兄弟ヒヨ汝ニ從フテ逃レハ子孫世ニツク故ニ必陸

ナシトス其人コレニ從フテ免ル、、ヲ得タリタ、其

承其父母ヲ掛念シ性キテ尋ヌ途中ニテ害ニアフ

申月甲午日　　姊之恒

父ノ役所ニアリテ悉ナ

キヤヲ占フ

断日外卦伏吟役所ニアリテ車故アリテ呻吟スルトス

其人曰彼地驫亂アリト聞ク障アルヤ否日日辰父母ヲ

生ス決シテ別事ナシ又問今年中ニ畋ルヤ否否日伏吟

ノ卦ヲ得畋ラント欲シテ不能トス来年辰ノ月ニ至リ

テ役所ヲユルサレ午ノ月復赴クヘシ辰ノ月ニ應スル

父 ▭▭▭▭　　戌化　戌
兄 ▭▭▭▭　　申化　申
官 ▬▬▬▬　應　　　午
兄 ▬▬▬▬　　　　　酉
子 ▬▬▬▬　　　　　亥
父 ▬▬ ▬▬　世　　　丑

八戌ノ父母伏吟ニシテ又月破ニアフ時ナリ午ノ月復

任スルハ日辰官鬼ニ臨ミ用神ヲ生シタルモノノ時ヲ得

テ旺スルナリ

寅月乙卯日　死妄之乾

旅中ニアリテ家内ノ安否

ヲ占フ

妻	▬▬▬	戌
官	▬▬▬ 世	申
子	▬▬▬	午 辰化
妻	✕	辰 寅化
兄	✕	子
父	▬▬▬ 應	

断曰内卦ヲ我家トシ伏吟ニアフ変異アルヘシ其人曰

何事ナルヘキ苔曰月建日辰尼ニ妻財ヲ克ス妻妾奴儀

ノ身上ナルヘシ其人コレニヨリ其妻ノ安否ヲ占フ

同月同日　豫之否

✕		戌化 戌
✕		申化 申
▬▬▬ 應		午
▬▬		卯
▬▬		巳
▬▬ 世		未

妻　官　子　兄　子　妻

断曰妻財又伏吟ニアヒ月日ヒ氏ニ克ス令室必大厄ノアリ

其人曰何レノ月日ン荅曰月日ヒ氏ニ克スト錐日辰ノ合

アリ今ハ妨ナシ辰ノ月ニ入リ月破ニアフ時逃レ难シ

果ノ三月ニ其妻死ス

○空セヲ用ル者

巳月戌戌日　益不愛

財ヲ得ルノ月日ヲ占

フ

```
兄 ▅▅▅▅▅ 應   卯
子 ▅▅▅▅▅       巳
妻 ▅▅ ▅▅       未
妻 ▅▅ ▅▅ 世   辰
                   空冲
兄 ▅▅ ▅▅       寅
父 ▅▅▅▅▅       子
```

断曰用神辰ノ妻財世ニツキ空区ニアヒ日ノ冲ニアフ

今日得ヘシ果ノ然リ是日辰亦妻財ニシテ我ヲ冲シテ

起ス故ナリ

モシ日辰用神ニ非ルすハ冲ヘバ得准シトスヘシ

亥月甲子日　革不變

僕何レノ日ニ畋ルヲ占

フ

断日用神午ノ妻財空亡兄弟ノ下ニ伏藏ニ旬用ノ克ニ
アフ吉凶ヲ問ニハ凶トス何レノ日ニ畋ルヲ問ニハ世
又空亡速ニ至ル旬内巳ノ日必來ラン果ノ然リ巳ノ日
亦是用神ニシテ飛又ヲ冲去シテ其伏ヲアラハスナリ
空下ノ伏神提抜シ易シト云是ナリ

午月癸丑日　　牽之比
妻ノ病何レノ日ニ愈ル

官　未
父　酉
兄　亥空　世
　　亥午伏
官　丑
子　卯　應

未
酉　應
亥申化　卯
巳　世
未冲

ヲ占フ

父　兄　官　兄　子　父

断日用神卯ノ妻財空凶ニアフ原神亥ノ爻発動シテ生
ス次日愈ユヘシ旁人日卯ノ日ト断スヘシ何
ソ寅ノ日ト云ヤ荅日甲寅ノ日卯爻空凶ニ卯ノ日ト断スヘシ何
トヨリ用神ナリ果メ甲寅ノ日愈ユ

寅月庚戌日　姤之无妄

子ノ病何レノ日愈ルヲ
占フ

断日用神亥ノ子孫化ノ寅トナリ空凶ニアフ近病ハ空
凶ニアフハ愈ルトス但亥ノ爻變スル故ニ酉ノ動爻ノ
生ヲ受ルコ能ハス寅ノ日ヲ待テ愈ヘシ果ノ然リ此化

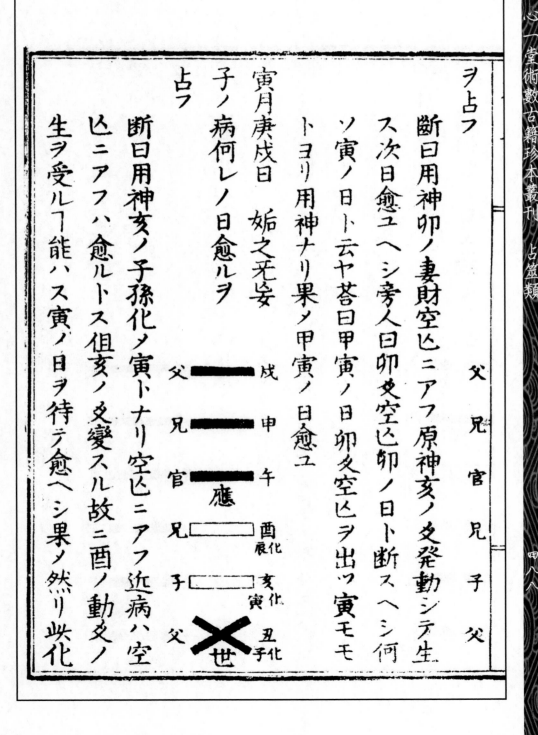

父　　　　戌
兄　　　　申
官　應　　午
兄　　　　酉辰化
子　　　　亥寅化
父　世　　丑子化

〆空凶トナルハ空凶ヲ出ルヲ待ツナリ

酉月庚辰日　師之外

岳母ノ近病ヲ占フ

父 —— 酉空合　亥
兄 -- 應　丑
官 -- 午凶化　寅
妻 ╳ 世　辰
官 ——
子 --　子

断日用神酉ノ父母空凶ニアフ近病空凶ニアフハ即愈

ユ又日辰ノ合ニアフ近病合ニアフハ即死ス是吉凶相

半ス但世爻忌神ヲ持シテ是ヲ克ス必危シ問曰何レノ

日危キ答曰午ノ爻化ノ旬空トナル旬内ハ克スルコ能

ハス又近病空凶ニアフハ不死故ニ旬内恙ナシ乙酉ノ

日用心アルヘシ果シテ乙酉ノ日卯ノ時死ス

子月乙巳日　後不変

酉　亥冲丑　辰　寅空　子

第ノ湖中ニ溺死シタル

死骸見得ヘシヤト占フ

断曰用神寅ノ官鬼〔死骸ハ官鬼ヲ用神トス〕空凶

ヲ得テ暗動ミテコレニ合ス明ニ死骸水中ニアルノ象

但寅ノ用神空凶ニアヒ合ニアフ出旬逢冲ノ時庚申ノ

日見得ヘシ後庚申ノ日見得ズ丑ノ月壬申ノ

リ是寅ノ用神空凶ヲ出ルハ同シトイヘ圧亥ノ爻丑ノ

月ニ入リテ克セラレ又空凶ニアフノ時水退キテ死骸

アラハルヽナリ壬申日ハ甲子旬ニメ戌亥空凶ノ時ナ

リ又水き中ニアルノ木〔寅冲ニアハサレハ起ラサルナ〕

リ

子 妻
兄
兄 官 妻　　　應

死骸ハ官鬼魁 空凶ニアヒ亥ノ爻時令

空凶ニアヒ亥ノ爻

世

丑月甲午日　復之噬嗑

父ノ近病ヲ占フ

酉巳化　子
亥　妻
丑卯酉仲　兄
辰　兄　世
寅　官
子沖　子

斷曰用神巳ノ父母空凶ニアヒ日辰ヨリ拱ス近病空凶
ニアフハ不死六合卦ニアフ近病ハ凶トス是空凶六合
吉凶相半ス但忌神世爻ニツキ暗動シ又外卦三合會局
シテ忌神ヲ助ク必危シ其人曰何ノ日凶トス答曰巳亥
ノ日巳ノ父母ヲ沖克スト雖モ空凶ノ内ナル故妨ナシ
辛亥ノ日危シ果ノ然リ是出旬逢沖逢克ノ時ナリ

未月甲辰日　小過之革

何レノ日ニ大雨アルヘキ

戌
申酉化　午　世
申
午
辰卯化　應

ヲ占フ

父　兄　官　兄　官　父

断曰用神辰ノ父毋日辰ヲ持シ月建ヨリ比ス又土用事
ノ節ニアヒ甚強盛トス但囬頭克ニ化シ空ニ化ス動
父申ノ爻進神ニ化シ卯ヲ克スト雖空ビナル故ニ克ヲ
ウケス乙卯ノ日出空ノ時ニ至リテ其克ヲウケフノ上
墻動スル戌ノ爻酉金ヲ助ケテコレヲ制ス峽日必雨ア
ラン後其日ニ至リテ雨ナシ立秋ニ入リ辛酉ノ日申ノ
時雨アリ是卦中ノ申化シテ酉トナルハ即申月酉日ニ
ノ乙卯ノ日ハ卯爻出旬デ日ニ値フトイヘ圧動メヨリ
克シ盡サス申月ニ入リ酉ノ日冲シテ後ニ克ヲウケテ
大雨アルナリ

○月破ヲ用ル者

亥月巳丑日　兌之訟

ユクスヘノ年役目ニア
リツクヤヲ占フ

断曰世父進神ニ化ス未ノ父空凶ト雖日辰ノ冲ニアフ
故ニ空トセス用神巳ノ官鬼発動シテ世ヲ生シ長生ニ
化スヒノ年必役ニアリツカン果メ然リ巳ノ年ニ應ス
ルハ實破ノ年ナリ

辰月戊子日　乾之夬

父ノ近慶ニユキタルカ
何レノ日ニ皈ルヲ占フ

```
右卦（兌之訟）
父　✕　　未戌化　世
兄　━━　酉
子　━━　亥
父　━━　丑　應
妻　━━　卯
官　▬ ▬　巳寅化

左卦（乾之夬）
父　▭ ▭　戌未化　世
兄　━━　申
官　━━　午
父　━━　辰　應
妻　━━　寅
子　━━　子
```

斷曰用神戌ノ父母世ニツキ月破ニアフテ空亡ニ化ス

モシ死法ヲ守ラハ敗ルヿ能ハサルカ轉メ他ニユクカ

來リテ復モドルカ然レ圧朱雀ヲ帯ヒ世ニツキテ發動

ス卯ノ日音信アリ未ノ日敗ルヘシ果メ然リ卯ノ日音

信アルハ破シテ合ニアフノ時ナリ未ノ日敗ルハ化出

ノ爻出空ノ時ナリ

午月癸卯日　　艮之觀

ユクスヱノ官途ヲ占フ

```
　　　　　　　　寅　　世
官　━━━━━━━
　　　　　　　　子巳化
妻・　╳
　　　　　　　　戌
兄　━━　　━━
　　　　　　　　申卯化
子　━━━━━　應　午辰
　　　　　　　　
父　━━　　━━
　　　　　　　　
兄　━━━━━
```

斷曰用神寅ノ官鬼世ニツキ申ノ爻發動シテコレヲ克

ス今年七月凶兆アリ其人曰何事ニヨル苔曰應爻發動

シテ世ヲ克ス必怨アル人ヨリ起ルモシ子ノ爻發動シ

テ救フコトナクハ役目ヲハナサルヘシ幸ニ子ノ爻發動

スト雖月破ニアフテ空匕ニ化ス格式ヲ賍サル、ホト

ノコ免レス果〃七月ニ人ノ訴訟ニアヒ子ノ月落許シ

格式ヲ賍サル後子ノ年四月ニ至リ舊ノ如ク二命セラ

ル此原神子ノ爻空凶月破ニシテ世ヲ生スルカ弱キ故

ニ此禍アリ實破填空ノ時ニ至リテ用ヲナスナリ

寅月甲午日　　艮之蒙

子ノ病ノ吉凶ヲ占フ

断曰用神申ノ子孫月破ニアヒ日辰動爻モニコレヲ克

世	寅	官 ▅▅▅
	子	妻 ▅▅ ▅▅
	戌	兄 ▅▅ ▅▅
	申化午 午化辰	子 ▅▅▅
應	午化辰	父 ✕
	辰	兄 ▅▅ ▅▅

シ又回頭克ニ化ス克アリテ生ナシ速ニ家ニ飯ルヘシ

必死セン其人未タ去ラサル間人來リテ曰令息申ノ時

落命スト此填實ノ時ニ克ヲウケテ應スルナリ

申月辛卯日　　華之央

家宅ヲ買フテ住居スル

吉凶ヲ占フ

官 ▅▅　▅▅　未
父 ▅▅▅▅▅ 酉　亥
兄 ▅▅▅▅▅ 亥　世
兄 ✕　　　丑寅卯化
官 ▅▅▅▅▅
子 ▅▅▅▅▅　應

断日月建ヨリ世ヲ生シ酉ノ父暗動シテ世ヲ生ス但愛

出スル寅ノ子孫月破ニアヒ又月建并ニ暗動父ノ克ニ

アフ子ニ禍アリ其人ツイニ此爲ニ移ル半月ナラサル

ニ其子痘瘡ニテ死ス

○伏神提拔スル者アリ　提拔セサル者アルノ占

辰月丁巳日　寒不変

僕ノ出奔スルヲ占フ

子		戌
父		申　申 世
兄		午卯伏
兄		辰
官		
父		應

断曰用神卯ノ妻財午ノ爻ノ下ニ伏藏シ伏ヨリ飛ヲ生
スルヲ泄氣トス而メ世爻申金ノ克ニアフ逃ル、、能
ハス盗ミタル物皆火ニ焼クナラン甲子ノ日捕フヘシ
果ノ甲子ノ日鍛冶ノ所ニアリト聞ク申ノ時ニ捕得タ
リ子ノ日ニ應スルハ飛神午ヲ沖克シ伏神卯ヲ生スル
ナリ此伏神提挨スル者ナキ故ニ志ヲ遂ケスシテ捕得
ラル、ナリ

酉月丙辰日ニ外不変

酉
亥
丑午伏
酉
亥
丑

子ノ病ヲ占フ

断曰用神午ノ子孫世爻丑ノ亥ノ下ニ伏藏シ飛神旬空

ニアフ出テ易シ午ノ日愈ユヘシ果シ然リ

卯月丙申日　復不憂

官　父　妻　官　父　妻　　世　　應

父ノ病ヲ占フ

断曰用神巳ノ父母寅ノ亥ノ下ニ伏藏シ飛神ヨリ長生

ス次ノ日愈ユヘシ果シ然リ

辰月庚申日　既濟不変

桑ノ葉ノ亘叚ノ高下ヲ占

子　妻
亥　兄　應
丑　兄
辰　官
寅巳伏　妻
子　世

子　應
戌
申
亥午伏
丑
卯　世

フ　　　　　　　　　　　兄　官　父　兄　官　子

断曰用神午ノ妻財世又亥ノ又ノ下ニ伏藏シテ飛神長

生ニアヒ用神又飛神ニ絶ス下直トス問テ曰何ノ日高

ク何ノ日賤キ答曰甲子ノ旬中ニ入リ亥水空凶ニアフ此後漸

巳午ノ日高シ甲戌ノ旬中ニ入リ亥水旬ニアフ此後漸

漸ニ下落スヘシ果ノ然リ

寅日戌辰日　　小畜不変

病アリテ何ノ鬼神ノ祟ナ

ルヿヲ占フ

断曰用神酉ノ官鬼辰爻ノ下ニ伏藏シ飛神ト合シ又日

辰ニ合セラル伏合ハ藏匿ノ象酉ハ正氣ノ神第三爻ハ

兄　　　　　卯

子　　　　　巳　未
　　　　　　　　應

妻　　　　辰酉伏
　　　　　　　　寅

兄　　　　　子

父　　　　　世

房室トス是房中ノ神像崇ヲナスナリ其人曰觀音像ノ

軸アリ勝手ニ藏メヲク必是ナリト是ヲ寺ニ納メテ後

ニ病愈ユ○申建庚辰ノ日病アルニヨリテ崇ヲ占アテ

又此卦ヲ得タリ斷スルコ前ノ如シ其人曰達磨ノ銅像

アリ匣中ニ藏ムト因テ又寺ニ納メシム其病果メ愈ユ

○進神退神ニ吉凶アリ又遲速アル者

酉月庚戌日　屯之節

何レノ年ニ子ヲ生ムヲ

占フ

兄　━━　子　戌
官　━━━　　申
　　　應　　辰
父　━━　
官　━━　寅化卯　子
世　✕
兄　━━　子　兄

斷曰用神寅ノ子孫世爻ニツキ進神ニ化ス寅ノ爻空凶

卯ノ爻亦空凶ニシテ且月破ニアフ後寅ノ年卯ノ月ニ

妻妾厄ニ産シテ二子ヲ得タリ此卯木月破トイヘ年日

辰ノ合ニアフ故ニ時ヲ待テ用ニ應スルナリ

卯月乙丑日　噬嗑之比

婚ヲ求メテ成ル不成ヲ自

ヲ占フ

子　　　巳子化
　　　　未戌化
妻　世　✕
官　　　酉申化
　　　　辰
妻　　　寅
兄　應
父　　　子未化

断日用神未ノ妻財世ニツキ進神ニ化シ巳ノ子孫發動

シテコレヲ生ス但子水ニ化シ囘頭克ニアフ故ニ午ノ

日子水ヲ沖シ去ルノ日ニ成ルヘシ午ノ日ハ又世爻ヲ

生合スルノ時ナリ後果ノ然リ或問テ曰間爻官鬼發動

ス障アルヘシ予曰發動スト雖月破ニアヒソノ上退神

ニ化ス障アルトイヘ圧ノ力甚薄シ故ニ妨ケサルナ

リ

未月丁卯日　同人之革

生涯ノ内官途ニ進ムコヲ
得ルヤヲ占フ

子　應　　戌未化
妻　　　申　午亥化
兄　　　　　亥卯
官　世　　　　丑
子　　　　　卯
父

斷曰モシ子孫發シテ用神官鬼ヲ克スルヲ以テ論セハ
終身官途ニ進デサルナリ然レ圧予辰ノ年ニ出身スヘ
シトス果シ然リ其故何ソヤ戌土退神ニ化スル故克ス
ルコ能ハス而シテ卯日ノ合ニアフ合ハ冲ニアフヲ待ツ
故ニ辰ノ年ニ應スルナリ是病アリ醫アルノ法ナリ

○冲慶逢合合慶逢冲ノ吉凶アル者

千月丙辰日　恆之豫

戌
申　午
酉化
卯化
亥巳化
丑

他ニ行キテ交易スル利ア

妻　應
官
子　官
父　妻
世

リヤ否ヤヲ占フ

断曰反吟ノ卦不吉ト雖世爻日辰ノ合ニアフ冲中逢合

トス而メ卯木世爻ヲ冲スルノミニシテ克スルコトナシ

況ヤ変卦亦六合ニシテ妻財戌ノ爻暗動シテ世爻ヲ生

ス又覆シテ利ヲ得ヘシ果ノ然リ

借銀ノ成ル不成ルヲ占

戌月甲辰日　坤不変

　　　　　酉　子
　　　　　亥　妻
　　　　　丑　兄
　　　　　卯　官　應
　　　　　巳　父
　　　　　未　兄

子
妻
兄
官
父
兄
世

應

断曰應爻空巳ニアヒ又六冲卦ニアフモト成ルヘカラ

ス但月建應爻ニ合シ世爻ヲ生シ日辰世爻ニ合ス冲中

逢合トス先ニ難シト雖後ニ成ルヘシ其人曰前月ユキ

テ求ルニ貸スコヲユルサス今再ヒ請フヘキヤ予曰前

月ユルサ、ルハ六冲ニ現ス今求ノハ必得ヘシ逢合ノ

故ナリ其人曰何レノ日ヨロシキ予曰甲寅ノ旬ニ入リ

應爻卯木空ヒヲ出ツ寅ノ日又妻財ニ合ス甲寅ノ日ニ

得ヘシ果ノ然リ

寅月戊戌日　巽之訟

銀ヲ失フテ復得ヘキヤ

否ヤヲ占フ

断日六冲卦ニアフト雖用神未ノ妻財田頭生合ニ化ス

冲中逢合トス失フテ復得ルノ象或曰應爻白虎ノ官鬼

兄 ▅▅▅▅▅ 世 卯

子 ▅▅▅▅▅ 巳 妻

✕ 未午化 妻

▅▅　▅▅ 應 酉午化 官

▅▅▅▅▅ 亥 父

▅▅　▅▅ 丑 妻

發動シ妻財玄武ヲ帶フ復得ヘカラス咎日應爻ハ他人
ニシテ回頭克ニ化ス而ノ沖中逢合ノ卦世爻日辰ノ合
ニアフ必得ヘシ其人日何レノ日ニ得ヘキ咎曰原神已
ノ子孫空亡ス其病已ニアリ乙巳ノ日得ヘシ果ノ然リ

辰月丁酉日　否不變
自ラ婚姻ノ吉凶ヲ占フ

　　　　　　　應
父 ▅▅▅▅▅　戌
兄 ▅▅▅▅▅　申　午
官 ▅▅　▅▅　卯　　世
　　　　　　　巳　未
妻 ▅▅　▅▅　　　官
　　　　　　　　　父

斷日六合卦婚姻最吉トイヘ圧世爻日辰ノ沖ニアヒ應
爻月破ニアフ合憂逢沖トス不吉果ノ其月ノ内其人大
病ヲ得未ノ月ニ至リ其女病死ス未ノ月ハ世爻妻財圧
ニ墓ニ入ルノ時ナリ

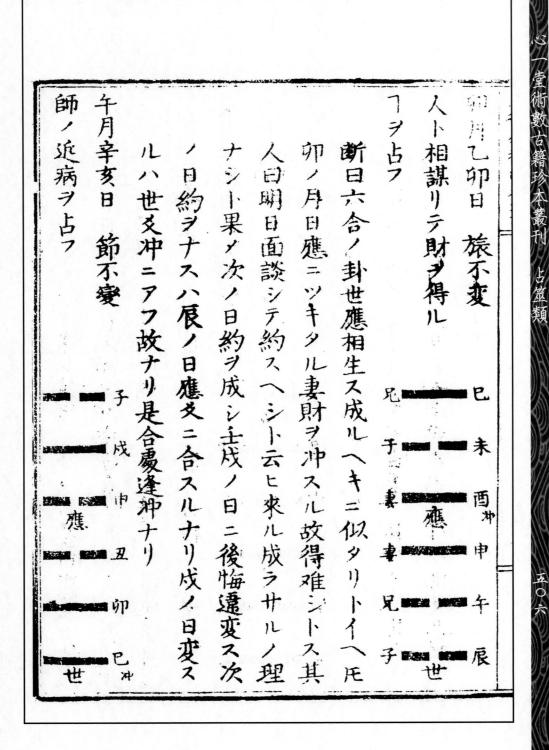

用乙卯日　旅不変

人卜相謀リテ財ヲ得ル

コヲ占フ

断曰六合ノ卦世應相生ス成ルヘキニ似タリトイヘ圧

卯ノ月日應ニツキタル妻財ヲ冲スル故得难シトス其

人日曜日面談シテ約スヘシト云ヒ來ル成ラサルノ理

ナシ卜果ノ次ノ日約ヲ成シ壬戌ノ日ニ後悔遷変ス次

ノ日約ヲナスハ辰ノ日應爻ニ合スルナリ戌ノ日変ス

ルハ世爻冲ニアフ故ナリ是合處逢冲ナリ

巳　未　酉（冲）申　午　辰

兄　子　妻　應　妻　兄　子　世

午月辛亥日　節不変

師ノ近病ヲ占フ

子　戌　申（冲）丑　卯　巳

應　世

兄　官　父　官　子　妻

断日六合ノ卦近病ヲ占フニハ必死トス然レ厄世爻

辰ノ沖ニアフ合處逢冲トス危シト雖救フコアリ問テ

曰何ヒノ日危ク何レノ日救フヘキ荅日丑ノ日用神墓

ニ入ル危シトス甲寅ノ日用神冲動ス救フヘシ果メ然

リ

寅月戊辰日　晋不變

兄ノ近病ヲ占フ

官 ▅▅▅▅▅	巳	
父 ▅▅　▅▅	未	
兄 ▅▅▅▅▅	酉	世
妻 ▅▅　▅▅	卯	
官 ▅▅　▅▅	巳	
父 ▅▅▅▅▅	未	應

断日用神酉ノ兄弟日辰ノ合ニアフ近病ニヨロシカラ

ス幸二明日卯ノ節ニ入リ冲ニアフ愈ユヘシ果メ然リ

峡亦合處逢冲ナリ

末月丁巳日ニ離之旅

又テニ破談シタル縁約再

ヒ調ヒ成ルヘキヤヲ占フ

断日六冲変メ六合トナル散シテ復成リ離レテ復合フ

ノ象又卯木發動シテ世爻ヲ生ス縁談調フヘシ果ノ次

寅ノ年辰ノ月ニ復成ル辰ノ月ニ應スルハ用神酉ノ妻

財合ニアフノ時ナリ化出シタル辰ノ爻ハ占フ時ニ現

ハレタル機兆ナリ寅ノ年ニ應スルハ應爻暗動シテ冲

ニアヒタル者ノ合ニアフノ時ナリ

○長生墓絶ニヨリテ吉凶ヲ断スル者

```
兄　巳　　世
子　未　━━　━━
妻　酉　━━━━━
官　亥　　應
子　丑
父　卯辰化
```

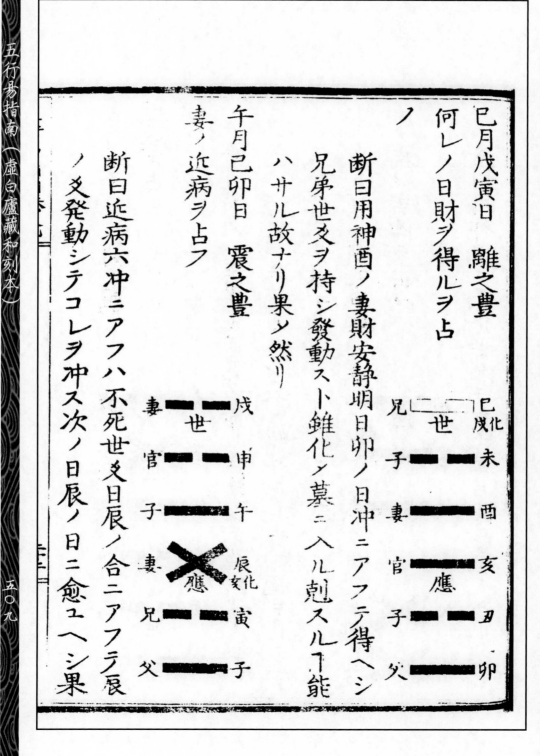

巳月戊寅日　離之豊

何レノ日財ヲ得ルヲ占
ノ

断曰用神酉ノ妻財安静明日卯ノ日冲ニアフテ得ヘシ
兄弟世爻ヲ持シ發動スト雖化ノ墓ニ入ル剋スル能
ハサル故ナリ果ノ然リ

午月巳卯日　震之豊

妻ノ近病ヲ占フ

断曰近病六冲ニアフハ不死世爻日辰ノ合ニアフテ辰
ノ爻発動シテコレヲ冲ス次ノ日辰ノ日ニ愈ユヘシ果

兄　　巳戌化　世　未
子　　　　　酉　丑
妻　　　　　亥　卯
官　　應　　　　子
父

妻　世　　　戌
官　　　午　申　子
妻　應　辰女化　寅　子
兄　　　　　寅　子
父　　　　　　　子

メ然リ

寅月戊子日　剝之觀

生産ヲ占フ

断曰子ノ子孫日辰青龍ヲ帯ヒ発動シテ絶ニ化ス今日
巳ノ時生レテ死スヘシ果メ然リコレ吉神絶ニ化シ官
鬼ニ化スル故ナリ

```
妻 ━━━━━  寅
子  ✕     子巳化  世
父 ━━━━━  戌
妻 ━━ ━━  卯
官 ━━━━━  巳  應
父 ━━ ━━  未
```

子ノ病ノ吉凶ヲ占フ

十月辛未日　漸之中孚

漸之中孚

断曰用神申ノ子孫世爻ニツキ丑ニ化シ墓ニ入ル然レ

```
官 ━━━━━  卯  應
父 ━━━━━  巳
兄 ━━ ━━  未
子  ✕     申丑化  世
父  ✕     午卯化
兄  ✕     辰巳化
```

友ノ父ノ病ヲ占フ

辰月甲寅日　屯之震

ノ時以後愈ユヘシ果メ然リ

厄日辰コレヲ沖シ又日辰動父厄ニコレヲ生ス今日午

子
兄 ——

官
　　　　応
父 ✕　戌申化

官 ——　申午化
　　　　辰
子 ——
世　　　寅
兄 ——　子

断曰用神申ノ父母絶ニアフテ原神長生逢

生トス危ク厄救フヘシ但用神回頭克ニ化シ原神月破

ニアフ長生ニ化スト雖日辰ノ冲ニアヒ又絶ニアフ故

ニ救フヘカラス果メ其日午ノ時ニ死ス

申月丙辰日　既済之豊

第ノ病ヲ占フ

子空 ——
　　　　応
戌申化 ▭

申午化 ✕

亥 ——
世

丑 ——

卯 ——

兄　官　父　兄　兄　官　子

斷曰用神子ノ兄弟空亡ニアヒ墓ニ入ルト雖原神發動

シテ貪生忘克ニアフ甲子ノ日用神出空仇神ヲ冲去ス

ルノ日愈ユヘシ果ノ然リ

申月癸丑日　損不變

子ノ他國ニ居テ如何ナル

ヤ何レノ日ニ畝ルヲ占フ

官　━━━　應　寅子　巳

妻　━　━　　　子戌

兄　━━━　　　戌　丑申伏卯

兄　━　━　世　丑申

官　━━━　　　官

父　　　　　　　父

斷曰用神申ノ子孫墓ニ入リ又墓下ニ伏ス恐クハ大難

アラン其人曰先日便アリ八月發足スヘシト云故ニ占

フ予曰此卦其畝期ヲ断シ难シ其爭來リテ曰我ヶ姪平

安ナリヤ否ヤ因テ又占フ

同日

死妻之願

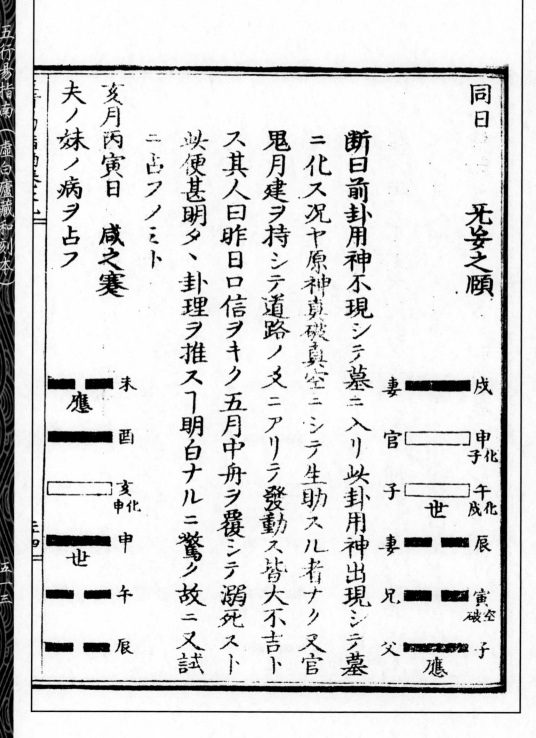

妻　　　　戌
官　　　　申　子化
子　　　　午戌化　世
妻　　　　辰
兄　　　　寅破空　子
父　　　　應

断曰前卦用神不現シテ墓ニ入リ此卦用神出現シテ墓
ニ化ス況ヤ原神黄磯眞空ニシテ生助スル者ナク又官
鬼月建ヲ持シテ道路ノ又ニアリテ發動ス皆大不吉ト
ス其人曰昨日口信ヲキク五月中舟ヲ覆シテ溺死スト
峡便甚明夕、卦理ヲ推ス丁明白ナルニ驚ノ故ニ又試
ニ占フノミト

亥月丙寅日　咸之寒
夫ノ妹ノ病ヲ占フ

未　應
酉
亥申化
申　世
午
辰

父　兄　子　兄　官　父

断曰夫ノ姉妹ハ官鬼ヲ用神トス午ノ官鬼長生ニアフ

ト雖亥水発動シテコレヲ克シ長生ニ化ス必死スヘシ

果メ乙亥ノ日死ス乙亥ノ日ハ亥水出空ノ時ナリ

孕婦孃妊シテ病アルニヨ
リテ平産スルヤヲ占フ

卯月乙未日　困之坎

父　━━　━━　　　　　　　未

兄　━━　━━　　　　　　　酉

子　━━━━━　應　　　亥化申

官　━━　━━　　　午辰寅

父　━━━　　　　　　　　　　

妻　━━　━━　世　　　　　　

断曰孕ノ妻ハ妻財ヲ用神トス寅ノ妻財墓ニ入ル即現

在ノ病ナリ亥水長生ニ化シテ用神ヲ生合ス必平産ス

ヘシ其人何レノ日産スヘキト問ヘ答曰亥水申ニ化シ

發動シテ世爻ニ合ス明日産スヘシ果メ然リ

巳年巳月丁卯日　旅不変

人ノ悪事ヲ上聞スルニ

テ害ニアフヤ否ヤヲ占フ

断曰應爻酉金モシ卯日ノ冲ニアハスンハ年月ノ長生

ニアフヲ以テ論スヘシシカルニ日辰ノ冲ニアフ故ニ

年月ニ克セラル、ヲ以断ス有傷無救彼人ノ勢必衰フ

ヘシ又世爻子孫ヲ持ス必巳ニ害ナシ果ノ然ル

○六冲六合ノ吉凶

酉月壬子日　大壯之泰

娃ノ身ニ障ノ事アルニヨリ

テサセル几害ナキヤヲ占フ

兄　　　　　巳
　　　　　　未
子　　　　　酉　申　午　辰
妻　　應
妻　兄　　　申
　　子　世

兄　　　　　戌
子　　　　　申
父　　世　　午　丑化
兄　　　　　辰　子
官　　　　　寅
妻　　應　　子

断曰六冲ノ卦凡ノ事散スルトスヌ世爻ニツキタル父

母日辰ニ冲散セラル必害ナシ其人曰姪我カ方ニ来リ

シニ嚴ニコレヲ責タリシカ人アリテ懇ニ云ヒ宥ムル

故ニコレニテ事ヲスマシタリ誠ニ然リ

巳月丁酉日　乾不変

文書何レノ日ニ到ルヘ

キヲ占フ

　　　　　　　　父 ▬▬▬▬ 世　戌
　　　　　　　　兄 ▬▬▬▬　　申　午
　　　　　　　　官 ▬▬▬▬　　午　辰　寅　子
　　　　　　　　父 ▬▬　▬▬ 應
　　　　　　　　妻 ▬▬　▬▬
　　　　　　　　子 ▬▬　▬▬　子

断曰父母両爻アリテ辰ノ爻空凶ニアフコレヲ用神ト

ス六冲ノ卦ニシテ用神日辰ノ合ニアフ冲憂逢合トス

辰ノ日到ルヘシ出空ノ時ナレハナリ果テ然リ

午月丙子日　大壯之巽

戌卯化
申巳化
午未化
辰
寅
子丑化

開店ノ吉凶ヲ占フ

兄
子
父　世
兄
官　妻
妻　應

断曰六冲ノ卦六冲ニ變ス開クヘカラス午ノ爻日辰ノ

冲ニアフト雖月建ヲ帯ヒ合ニ化スル故ニ今ニアタリ

テ害ナシ冬月恐クハ變アリ果ノ冬ニ至リテ障アリテ

止ム

申月乙卯日　巽之坤

自身幷ニ子モニ召捕ラル

ルニヨリテ吉凶ヲ占フ

断曰六冲卦スヘテ散スルヲ主ル但又變メ六冲トナリ

内外卦ミニ反吟ニアフ亂中亂撃トス而ノ世爻子孫ミ

兄　　卯酉化　世
子　　巳亥化
妻　　未
官　　酉卯化　應　丑
父　　亥巳化
妻

二回頭克ニ化ス必凶果ノ父子尅ニ重罪ニ慶セラル

未月乙亥日　兌之震

往テ高賣スルニ利益ア

リヤヲ占フ

斷日六冲卦變ノ六冲トナリ又内外卦尅ニ反吟ニアフ

今ニアタリテ世爻月建ヲ帶フ汝ノ意必徃クヘシ徃カ

ハ損失アルヘシ反吟ノ卦買ハント欲スル代呂物拂底

別ノ代呂物ニカヘテ利益ナシ其人間フ安平ナリヤ否

ヤ荅曰兌變ノ震トナル沖ノカアリ克ノ能ナシ必無事

ナルヘシ果ノ其人往テ菉豆ヲ買フニ其地ニ拂底ナル

故ニ改メノ棉花ヲ買フテ終ニ損失スヘテ六冲化シ

父　世　未
兄　　　酉　申化
子　　　亥
父　應　丑　卯化寅化
妻
官　　　巳

テ六冲トナルハ吉象吉爻生合等ニアフモ皆散スルノ

兆ナリ

子月巳巳日　坤不變

賭ノ勝負ヲ占フ

子 世			酉
妻			亥
兄			丑
官 應			卯
父			巳
兄			未

断曰世ヨリ應ヲ克ス我勝トス但日辰亥ノ妻財ヲ冲シ

應ヲ生シテ世ヲ助ケス必負ヘシ幸ニ六冲ノ卦定メテ

半途ニシテ散スヘシ負ルト雖多カラス果ノ錢ヲ爭フ

ニヨリテ久シカラサルニ散ス負ル〓多カラサルハ空

亡ノ妻財應ヲ生スル故ナリ爭ニヨリテ散スルハ朱雀

妻財ニツキテ暗動スル故ナリ

寅月甲午日　大壯不變

子ノ父病ヲ占フ

断曰久病ノ占六冲ニアフハ即死ス用神申ノ子孫月破

ニアヒ又曰辰世爻ニツキテコレヲ克ス今日死スヘシ

但卦中子ノ爻暗動シテ午火ヲ制ス明日未ノ日子ノ爻

制ヲウケ忌神合ニアフ辰ノ時死スヘシ果ノ然リ

六親	卦	地支	世應
兄	▬▬　▬▬	戌	
子	▬▬　▬▬	申	
父	▬▬▬▬▬	午	世
兄	▬▬▬▬▬	辰　寅	
官	▬▬▬▬▬	寅	
妻	▬▬▬▬▬	子	應

卯月甲午日　否不變

發足シタル人ヲ追カケテ書

簡ヲ託スルニ追ツクヘシヤ

否ヤヲ占フ

六親	卦	地支	世應
父	▬▬▬▬▬	戌	應
兄	▬▬▬▬▬	申	
官	▬▬▬▬▬	午	
妻	▬▬　▬▬	卯	世
官	▬▬　▬▬	巳　未	
父	▬▬▬▬▬		

断日六合ノ卦凡ノ事成リ易シ但明日未ノ時清明ノ節

二入リ辰ノ月建トナルノ時應爻冲ニアフ此時必遠ク

去ルヘシ今夕夜トシシニ追カケナハ遇フヘシ果メ次

ノ日ニ舟ヲ出サントスル處ニテ追ツキタリ

巳月甲戌日　復之豫

金ヲ借ルコヲ占フ

子	妻	酉 亥破
	兄	丑化 午化
	兄	辰
	官	寅
	妻	子未化 世

應

断日六合ノ卦化シテ六合トナル凡ノ事成リ易シ但亥

ノ妻財月破ニアヒ酉ノ原神空亡ニアヒ世爻ニツキタ

ル妻財畑頭克ニ化シ又日辰ノ克ニアヒ辰ノ爻暗動ノ

克ニアヒ又丑ノ應爻ノ克ニアフ是克スルコ重々大過

トス借金ノ事ニツキテ不意ノ難ヲ戒ムヘシ其人曰耶

日友人ト同道シテ行クヘシト約ス借金ノ事モシト、

ノヒ難キカ予曰其友人何タル人ン其人曰遠方ノ人ナ

リ予強ヒテコレヲ止ムレ㑥從カハスシテ同伴シテ行

ク果ノ金ヲ借リテ歸ル途中其友人ニ殺害セラル

巳月甲寅日　否之乾

師匠ヲ招キテ子ヲ教ヘ

シムルコトヲ占フ

應
父　兄　官　妻　官　父
世

戌　申　午　卯化　辰　巳化　寅　未化　子化

断曰用神戌ノ應爻父母ヲ持ス學才十分トス但六合化

シテ六冲トナル変アリテ久シク遂ケス初爻未ノ父母

化シテ子孫トナリ空亡ニアフ父母発動シテ子孫ヲ克

ス子孫ニ災アルカ果ノ午ノ月子水月破ニアフノ時其

子死スルニヨリテ師匠ヲ辭シタリ

○三刑ニアフテ凶トスル者

姪孫ノ病ヲ占フ

寅月庚申日　家人之離

斷曰用神巳ノ子孫月ヨリ生シ日ヨリ合ス治スヘキニ

似タリ但月建日辰巳ノ動爻ト三刑ヲナス必危シ果ノ

寅ノ日寅ノ時ニ死ス

辰月戊午日　離之願

夫ノ病ヲ占フ

兄　━━━　卯
子　━　━　巳　未化　應
妻　　✕　　未化
父　━━━　亥
妻　━　━　丑　世
兄　━━━　卯

世　巳
　　未
　　酉化　戌化
　　亥化　辰化
應　丑
　　卯

兄　子　妻　官　子　父

断曰用神亥ノ官鬼原神酉金ノ生ヲウク但化シテ墓ニ
入リ又月建囬頭克ニアフ又月建日辰動爻辰午酉亥ノ
自刑皆ソナハル此病即日危シ果メ其日午ノ時死ス

亥月戊戌日　　巽之大有

爻ノ近病ヲ占フ

卯　世
　兄

巳未化
　子　妻

未酉化
　官　父

酉　亥
　　妻　　　應

丑子化

断曰用神未ノ妻財化シテ官鬼トナリ又原神巳ノ父月
破空匕ニアフテ日辰ニ墓ス皆凶而ノ丑戌未ノ三刑全
クソナハル即日危シ果メ其日未ノ時死ス

戌月庚子日　　貴之家人

寅
子兄化戌
亥
丑
卯

冬中ノ勝手ヲ占フ

官　妻　兄　妻　官　世　応

断曰世爻月建ヨリ合シ日辰ヨリ生ス子ノ日子ノ爻世
ヲ刑ストイヘ圧生スルヲ重シトス是ヲ貪生忘克ト云
必吉果ノ其冬ゝ大利ヲ得タリ

○獨静獨發ノ験アル者

往テ父ヲ尋ルヲ占フ

午月丙午日　大有之離

　　　　　　　　官　━━━━━　巳　應
　　　　　　　　父　━━　━━　未
　　　　　　　　兄　━━━━━　酉
　　　　　　　　父　━━━━━　辰　世
　　　　　　　　妻　━　　　━　寅丑化　子
　　　　　　　　子　━━━━━　寅

友人易ヲ知ル者此卦ヲ断ノ曰寅ノ爻獨発ス正月見得
ヘシ予曰用神辰ノ父母世爻ニツキ寅ノ動父ノ克ヲウ

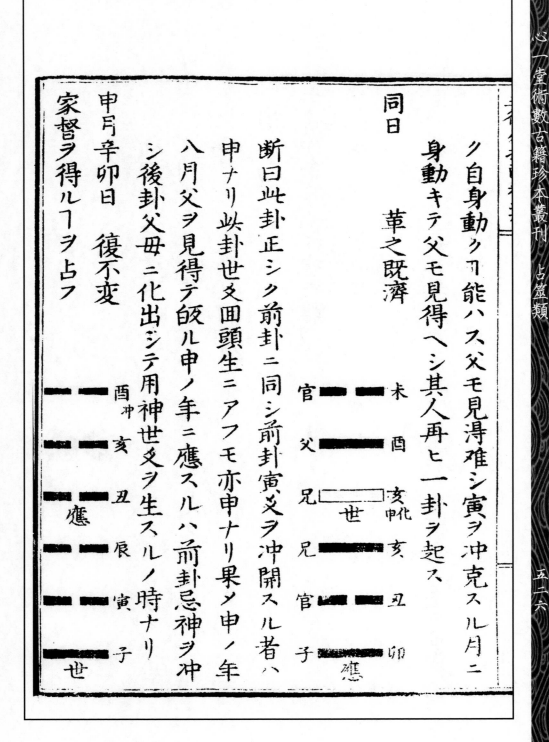

ク自身動ク「能ハス父モ見得難シ寅ヲ沖克スル月ニ

身動キテ父モ見得ヘシ其人再ヒ一卦ヲ起ス、

同日

革之既濟

官　未　酉
父　酉　亥化
兄　世　亥
兄　官　丑　卯
官　子
應

断曰此卦正シク前卦ニ同シ前卦寅父ヲ沖開スル者ハ
申ナリ此卦世爻囘頭生ニアフモ亦申ナリ果シ申ノ年
八月父ヲ見得テ皈ル申ノ年ニ應スルハ前卦忌神ヲ沖
シ後卦父母ニ化出シテ用神世爻ヲ生スルノ時ナリ

申冃辛卯日　復不変

家督ヲ得ルコヲ占フ

酉沖　亥
亥
丑　應
辰
寅
子　世

子　才　兄　兄　官　才

其人曰我モト一子アリ騒亂ノ時ニ失フテアル憂ヲシ
ラス今子ナシユクくアチヲ得ヘキヤ断日月建子孫トナ
リ世爻ヲ生スア子アルノ兆酉ノ子孫暗動獨發シテ世爻
ヲ生シ外卦ニアリ失ヒタル子孫來ルヘシ問日何レノ
歳見ルコヲ得ヘキ荅曰明年甲辰ノ歳酉ノ子孫ト合ス
必旳ルヘシ果ノ然リ此用神獨發冲スル者合ニアフノ
年ナリ

午月甲申日　同人之革

雨久シキニヨリテ麥ニ障アル
ヤヲ占フ

子　　戌未化
　應
妻　　申午

兄　　亥

官　　丑
　世
子　　卯

父

一亥人問テ日此卦戌ノ子孫獨發ス丙戌ノ日晴ルヘシ

シカルニ猶雨フルハ何ソヤ荅曰麥ノ水損ヲ憂ルハ官

鬼十リ子孫獨發シテ世上ノ官鬼ヲ克シ去ルハ憂ルコ

勿レト示スナリ此決シテ麥ニ害ナシ但戌ノ子孫化ノ

退神トナル憂心ヲ克盡スルコ能ハス故ニ雨止マス卯

ノ日戌ニ合スルノ時ニ晴ルヘシ果ノ然リ

女ノ子ノ病ヲ占フ

寅月庚戌日　未濟之蹇

```
應
兄 ▬▬ ▬▬    巳子化 未戌化
子 ╳         
妻 ▬▬▬▬     酉申化 千化
兄 ╳  世     壬申化 辰午化
子 ▬▬ ▬▬    
父 ▬▬▬      寅
```

斷曰此卦寅ノ爻獨靜モシ用神ヲ看スンハ寅ノ日ニ死

スル生クルヲ知ルヘカラス用神子孫未ハ進神ニ化シ

辰ハ囘頭生ニアフ寅ノ日愈ユヘシ果ノ然リ

寅月甲辰日　遯之歸妹

父遠方ニ行キタルカ何

レノ日ニ畋ルヲ占フ

断日外卦伏吟外ニアリテ憂欝スルノ象其人問テ曰惡

ナシヤ荅曰内卦辰ノ父母巳ノ囘頭生ニ化シ世文卯木

ニ化シテ巳火ヲ生ス害ナシ第四爻午火獨静五月ニ畋

ルヘシ果ノ後三四月外ニアリテ兵亂ニアヒ五月ニ畋

ル

○盡静盡發ノ吉凶アル者

午月庚辰日　離不變

父 ▭ ▭	戌戌化
兄 ▭ ▭ 應	申申化
官 ━━	午
兄 ▭ ▭	申丑化
官 ✕ 世	午卯化
父 ✕	辰巳化

巳未酉亥丑卯
合　空

儘ヲ近地ニ遣シタルカ何

レノ日ニ飯ルヲ占フ

　　　　兄　━━━━━　世

断日用神酉ノ妻財月ヨリ克シ日ヨリ生ス生克相敵ス

一卦ノ中坎ノ爻空匕ニシテ合ニアフ神機ノ現スル所ナ

リ空匕八出旬ヲ待チ合八冲發ヲ待ツ小暑ノ節辛卯ノ

日飯ルヘシ果ノ然リ此静ニシテ冲ニアヒ合シテ冲ニ

フヒ空匕ニシテ出空ヲ待ツナリ

　　　　子　━━　━━
　　　　妻　━━━━━
　　　　官　━━　━━　應
　　　　子　━━　━━
　　　　父　━━━━━

辰月己卯日　坤不變

今日人ヨリ金ヲ還スヤ

ヲ占フ

断日原神酉ノ子孫安静空匕ニシテ日辰ノ冲ニアフ是

　子　━━　━━　　酉空
　妻　━━　━━　世　亥
　兄　━━　━━　　丑
　官　━━　━━　　卯
　父　━━　━━　應　巳
　兄　━━　━━　　未

ヲ起ト云又日辰應爻ニツキ世ヲ沖ス今日巳ノ時還ス

ヘシ果ノ巳ノ時ニ半今ヲ還シ乙酉ノ日巳ノ時皆濟ス、

半今還スモノハ静空ノ沖起シタル故其力半今アルナ

リ乙酉ノ日皆濟スルハ原神日ニ値フテ填實シ子孫壽

悦之神ニ應スルナリ

子月壬申日　大畜之萃

父亂軍ノ中ニ居テ吉凶如

何ヲ占フ

	卦	
官	▅▅▅	寅未化
妻	✕應✕	子酉化
兄		戌亥化
兄	▅▅▅	辰卯化
官	▅▅世▅	寅巳化
妻	▅▅ ▅▅	子未化

断曰六爻亂動ス即亂軍ノ象ナリ化出スル巳ノ父母ヲ

用神トス月建ノ克ニアヒ原神寅ノ爻又日辰ノ沖克ニ

アフ恐クハ性命ヲ保タス果ノ軍中ニ死シテ音信ナシ

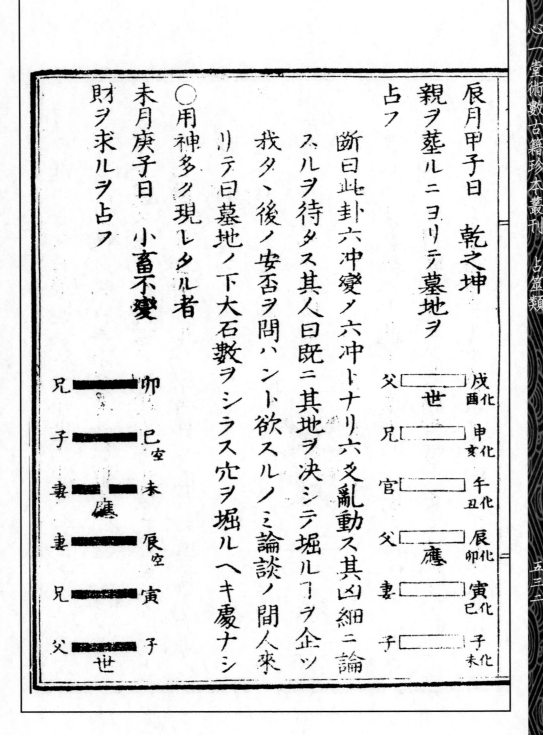

辰月甲子日　乾之坤

親ヲ墓ルニヨリテ墓地ヲ

占フ

父 ▭▭ 世　戌酉化
兄 ▭▭　申亥化
官 ▭▭　午丑化
父 ▭▭　應　辰卯化
妻 ▭▭　寅巳化
子 ▭▭　子未化

断曰此卦六冲變ノ六冲トナリ六爻亂動ス其凶細ニ論

スルヲ待タス其人曰既ニ其地ヲ決シテ堀ルコヲ企ツ

我タ、後ノ安否ヲ問ハント欲スルノミ論談ノ間人來

リテ曰墓地ノ下大石數ヲシラス穴ヲ堀ルヘキ慮ナシ

○用神多ク現レタル者

未月庚子日　小畜不變

財ヲ求ルヲ占フ

兄 ━━━　卯
子 ━━━　巳空
妻 ━ ━　未應
妻 ━ ━　辰空
兄 ━━━　寅
父 ━━━　子世

断日未ノ爻月建ヲ持スルヲ用神トス辰ノ爻空ヒニア
フ必其由アリ此月甲辰ノ日得ヘシ果メ其日巳ノ時ニ
手ニ入ル是辰ノ爻出空ノ時ナリ不空ヲステ、空ヒヲ
用ルノ法ナリ

亥月丙午日　　豫之歸妹

子何レノ日ニ難ヲノカレ

出ルヲ占フ

断日卦中ニ子孫三ツアラハル皆世爻ヲ生ス必難ヲ免
ルヘシ子ノ子孫日辰ヲ持シテ不動巳ノ子孫両爻厄ニ
月破ニアフ巳ノ午免ルヘシ果ノ然リ是病アルノ爻ヲ
用ルノ法ナリ

妻　▬▬　▬▬　　戌
官　▬▬▬▬▬　　申　　午
子　▬▬　▬▬　應　午　卯
兄　▬▬▬▬▬　　卯
　　✕　　　　　巳卯化　未巳化
子破妻　✕

未月丁丑日　非之需

子久ク出テラルカ何レノ

時ニ畋ルヲ占フ

断曰未ノ子孫進神ニ化シ曰辰ノ冲ニアヒ丑ノ子孫子

ノ合ニ化シ原神巳ノ爻發動シテ用神ヲ生スヘシ果メ

ルハ囲頭克ナル故當時ハ畋ラス千ノ年畋ルニ

午ノ年千ノ月畋ルル午ノ年月ハ未ノ子孫發動シテ冲ニ

アフ者合ニアフノ時又丑ノ子孫合ニ化スル者冲ニア

フノ時又巳ノ爻子水ニ克セラル、者子水ヲ冲去スル

ノ時即去煞留恩ナリ

寅月癸亥日　坤之艮

酉化　寅
　　　亥
　　　丑
卯化申　巳
　　　未

巳子化
未戌化
酉申化
亥
丑子化

兄　子　妻・　妻　官　子
應
世

此後子息アルヤヲ占フ

子　世　✕
妻　　　▬▬
兄　官　▬▬▬
父　　　✕　應
兄　　　▬▬▬

其人曰我子九人アリ皆没ス今一人モナシ此後子アル

ヘシヤ断曰子孫化シテ官鬼トナリ官鬼化シテ子孫ト

ナル子アルヘカラス果メ子ナシ姪ヲ以テ嗣ト人

○占フ者誠心アリ断スル者精明ト雖其問フ所ノ詞ト其内

心ト別ナル故ニ験ナキ者

酉月戊申日　　旅之艮

伯父何レノ日ニ畝ルヲ

占フ

兄　　　▬▬▬　　巳
子　　　▬▬ ▬　未
妻　　　□　應　酉戌化
妻　　　▬▬▬　申
兄　　　▬▬ ▬　午
子　　　▬▬ ▬　辰卯　世伏

此卦モシ伯父平安ナリヤト問ハ、用神卯ノ父母伏藏

シテ月建日辰動爻ニ沖克セラル必平安ナラスシカ

二何レノ時敗ルト問フ故ニ用神伏藏シテ克ヲウツノ敗

ラスト断ス果ノ敗ラス他所ニ井テ平安ナリ

未月癸亥日　艮不変

身ノ上ノナリユキヲ占

フ

		寅子戌申午辰
官	世	
妻		
兄		
子	應	
父		
兄		

此人仕官ノ望ヲ占フテ身ノ上ヲ占フト告クシカルニ

仕官ハ官鬼ヲ用神トシ其世爻ニツクヲ喜フ身ノ上ハ

官鬼ヲ禍トシ世ニツクヲ忌ム予此理ヲ以テ告ク其人

日人ニタノミテ仕官ヲ望ムナリヨツテ断日官鬼世爻

ニツキ日辰ノ生合ニアフ成ルヘシ果ノ壬申ノ日ニ奉

書到來ス申ノ日ニ應スルハ日辰ノ合ニアフタル者沖

ニアフノ時ナリモシ身ノ上ノ占ヲ以テ判斷セハ大ニ

アヤマルヘシ

現在ツトメタル役ノ無事

ナルヤヲ占フ

子月乙酉日　需不変

妻 ▅▅ ▅▅	子	
兄 ▅▅▅▅	戌	
子 ▅▅▅▅ 世	申辰	
兄 ▅▅ ▅▅	辰寅	
官 ▅▅▅▅	寅	
妻 ▅▅▅▅ 應	子	

此人他ニ轉スルヲ不便トナスニヨリテ今テタル所ノ役

ノ平安無事ナルヤヲ以テ問トスシカルニ今テタル所ノ

役ヲ問フハ子孫世ニツクハ必役ヲヤムルトスモシ他

ノ役ニ轉スルヲ占フハ子孫世ニツクハ轉スルコトナシ

予コレヲ問ヒタ、ス其人曰轉役ヲ占フナリヨツテ斷

日必轉役セス果ノ轉セスシテ其役ヲツトメテ無事ナ

リキ

千月辛丑日　益之死妄

商人其母ノ病ニヨリテ身

ノ上ノナリユキヲ占フ

兄 ▅▅▅　卯 應

子 ▅▅▅　巳　未午化

妻 ✕　辰

妻 ▅▅▅　世　寅　子

兄 ▅▅▅

父 ▅▅▅▅　父

商人タル者身ノ上ヲ占フハ妻財ヲ要トス此卦辰ノ妻

財旺相シ世爻ニツキ未ノ妻財回頭生合ニ化ス必吉利

アリト断ス其人曰我老母病アルニヨリテ来リテ占フ

ナリ安否何如予曰身ノ上毋ノ病ト大ニ異ナリ又断曰

甲辰ノ日甚危シ果ノ其日没ス是辰ノ空ヒ世爻ニツキ

タルカ空ヲ出ルノ時ナリ

午ノ月辛酉日　萃之遯

仕官ヲ占フ

此人十二歳其父コレニ命シテ其後ノ官途ヲ占ハシム

モシ官鬼世爻ニツキ旺相シ父母文章ノ爻進神ニ化ス

ルヲ以テ断セハ仕官発達スヘシシカルニ其父コレニ

命シテ占ハシムモト父ノ誠心ニシテ父タル人其子ノ

事ヲ占フナリ末ノ爻発動シテ用神亥ノ子孫ヲ克ス卯

ノ爻発動スト雖父母ヲ克スルヿ能ハス是ヲ父動克子

トス果ノ此子未ノ月戌ノ日ニ没ス

五行易指南巻九　終

未戌化
酉亥
卯申化
巳未

父
兄
子　應
妻
官　世
父

五行易指南巻十

虎門　敷西子　述

新増占験釈義

予ト筮ノ説ヲ講スルコト久シト雖納甲飛伏ノ法ニ
至リテハ其説ヲ推スコト僅ニ数年ニ過キス又其間誤
リ断シテ時日及ヒ事ノ曲折ニ験ナキ者甚多シ而
ノ験アル者亦少カラス今初学ノ為ニ其法ノ錯綜
シテ験ヲ得ル者ノ一二ヲ挙テ其義ヲ釈スルコト左
ノ如シ其常格一道ニシテ錯綜変化ナキ者ハ其験
ヲ得ルノ義挙テ論説スルヲ故ニ今コ丶ニ
載セス又誤リ断シテ其験ナキ者ニ至リテハモト

ヨリ學者ノ為ニ論スルニ足ラス故ニ亦コヽニ載

セス唯其錯綜變化シテ驗アル者ヲ舉ルハ專ラ講

究ヲタスクル為ノミ觀ル者其長ニ誇リテ其短ヲ

掩フトスルコ勿レ

卯建戊子日　萃之咸

暴風甚キニヨリテ何レ

ノ時刻ニ止ムヘキヲ占

断日用神巳ノ官鬼月ヨリ生シ日ヨ

リ克シ生克相敵ス但原神卯ノ冬發動シテ絶ニ化シ田

頭克ニ化ス申ノ時ヨリ風漸ク衰へ戌ノ時ニ全ク歇ム

ヘシ果ノ然リ申ノ時ヨリ衰フルハ原神克ニアヒ絶ニ

（卦象の傍書き）
未　父
酉　兄
亥　應　子
卯申化　巳　×　妻
未　世　官
巳　　父

悪風物ヲ害スルハ
官鬼ヲ用神トス
月ヨリ生シ日ヨ

アフ故ナリ戌ノ時歌ニ八用神墓ニ入リ原神合住ニア
フ故ナリ

千建庚子日　屯之坤

久シク旱スルニヨリテ

何レノ日雨フルヲ占フ

断曰用神申ノ父母安静ニシテ月ヨリ克スト雖原神発

動シテコレヲ生シ忌神伏藏シテ動カス仇神日辰ヲ帯

ヒテ忌神ヲ沖起スト雖月破ニアヒ且囙頭克ニアフ今

日ヲ過テ必雨アルヘシ果メ明日辛丑ノ日少ク雨アリ

壬寅ノ日大雨癸卯ノ日ニ至リテヤマス丑ノ日雨フル

ハ仇神ヲ合起スル故伏藏スル忌神沖起セサル故ナリ

兄　━━　━━　子
官　━━━━━　戌亥化　應
父　━━　━━　申
官　━━　━━　辰　世
子　━━　━━　寅
兄　━━━━━　子未化

寅ノ日甚シキハ用神ヲ沖スル故ナリ卯ノ日ヤヽサル

ハ原神ヲ克スト雖合住スル故ニ其カヲ專ラニセサル

故ナリ且連日雨アルハ坤ノ大象ナリ

千建戊申日　　履之乾

明日ノ天氣ヲ占フ

戌　　兄
申　　子父
午　世　兄
辰化卯　官
巳　應　父

断白子ノ妻財月破伏藏ト雖飛神日辰ヲ持シテコレヲ

長生ス晴トスヘキニ似タリ但午ノ父毋月建ヲ持シ原

神卯ノ官鬼空亡ト雖明日酉ノ日日辰ノ冲起ニアフ必

雨アルヘシ又兄弟獨発シテ進神ニ化ス密雲ノ象果ノ

終日小雨アリ是雨甚シカラサルハ原神空亡ナル故ナ

子建甲午日　家人之貴

妻ノ産スル日ヲ占フ

兄	卯
子 應	巳子化
妻	未
父	亥
妻 世	丑
兄	卯

断曰巳ノ子孫空亡ニアヒ發動シテ回頭克ニ化シ白虎

ヲ帯ヲ白虎ヲ血神トス速ニ産スヘシ原神旺相シテ安

静丁酉ノ日巳ノ時生ルヘシ果ノ然リ酉ノ日ニ應スル

八原神冲ニアフノ時巳ノ時八用神子孫其時ニアヒタ

ルナリ

亥建癸酉日　巽之升

頼母子何レノ時ニ取得

世	卯画化
	巳亥化
	未
	酉
應	亥
	丑

ヘキヲ占フ

兄　子　妻　官　父　妻

断曰用神丑未ノ両爻安静ニシテ日月ノ生扶ナク世爻
ヨリコレヲ克シ且六冲卦ニシテ外卦又反吟ニアヒ世
爻日辰ノ冲克ニアヒ原神亦月ヨリ克シ月破ニアヒ克
二化シ冲ニ化シ空亡ニ化ス百凶アリテ一吉ナシ其何
レノ時ニ得ルヲシラス果ノ両三月ニシテ故アリテ潰
レ止ミタリ是卦身ヲ事ノ体トスルノ験ナリ

申建丁未日　大過之蹇

旅行ヲ占フ

断曰出行ヲ占フテ游魂ノ卦ヲ得又世爻発動ス游歴ス

妻	▬▬ ▬▬	未
官	▬▬▬▬	酉
父	▬　▬ 世	亥化
官	▬▬▬▬	酉
父	▬　▬	亥午化　丑
妻	▬▬▬▬ 應	子

ルフ遂クヘシ卜雖變ノ塞卜ナル多難ノ象世爻父母ヲ

帶ヒ日ヨリ克ス辛苦ノ兆又忌神兩爻一八日辰ヲ持シ

一八暗動ス皆凶但月ヨリ生シ又囘頭生ニアフ卜屡ニシテ皈リ其出

ラ卜スルノミ果ノ危难ニアフ卜屡ニシテ皈リ其出

タルヲ後悔スルモ亦大過ノ大象ナリ

亥建癸酉日　　外之明庚

婦人其夫ヲ離レヲリテ暇ヲ

乞フテ去狀出ルノ時ヲ占フ

官	▅▅▅▅▅	酉
父	▅▅　▅▅	亥
妻	▅▅　▅▅ 世	丑
官	▅▅▅▅▅	酉 亥化
父	▅▅▅▅▅	亥化 丑
妻	✕ 應	丑化 丑卯

断日酉ノ官鬼上下兩爻厄二日辰ヲ持シ卦身ニツキ妻

財ノ爻又九三現ス爾ノ夫既ニ妻ヲ迎ヘタルトスル而ノ

文書ノ爻生旺發動ス卜雖田頭克ニアヒ又動爻ニ克セ

ラル卯ノ年官鬼ヲ冲シ文書ノ忌神ヲ克スルノ時ニ至

ラスンハ去狀ヲ出スマシ後其婦人イマタ去狀ヲウケ

スシテ子ノ手ニ死入終ニ去狀ヲウケサルハ明夷ニ変

スルノ義ナリ

婚姻ノ整フ整ハサルヲ占

子建巳丑日　履之未濟

フ

兄	▬▬▬		戌
子	▬　▬	世	申未化
父	▬▬▬		午
兄	▬　▬		丑 卯
官	▬▬▬	應	卯
父	▬　▬		巳寅化

断曰用神子ノ妻財伏藏スト雖月建ヲ持シテ世下ニア

リ凶ニアラス但兄弟日辰ヲ持シテ用神ト合ス此女必

情男アルヘシ果ノ縁約定マリタル後ニ其女出テ男子

ノ家ニ奔リテ四ラス是約成リテ婚姻ニ至ラサルハ履

未済ニ変スルノ義ナリ世爻空凶ニ化スルハ後悔ス
ルノ兆父母発動シテ世爻ニ合スルハ其父母我ニ嫁ス
ルコヲ許スノ象ナリ

未建辛酉日　姤之乾
父ノ近病ヲ占フ

父　　戌
兄　　申　午
官　　酉
兄　　亥
子　　　　丑子化
父　　世

断日卦六冲ニ変シ爻六合ニ化ス冲處逢合トス近病ノ
占冲ニ利シク合ニ不利又用神丑ノ父母空凶ニアヒ且
月破ニアフ皆大凶ノ兆但忌神寅ノ爻伏藏不動シテ日
ヨリ克ス暫時保ツヘシ果シテ甲子ノ日死ス甲子ノ日ニ
應スルハ用神空ヲ出テ忌神ノ飛爻空凶ニアヒ忌神日

辰ノ助ヲ得テ提抜スルノ時ナリ

酉建癸未日　離之夬

従妹ノ近病ヲ占フ

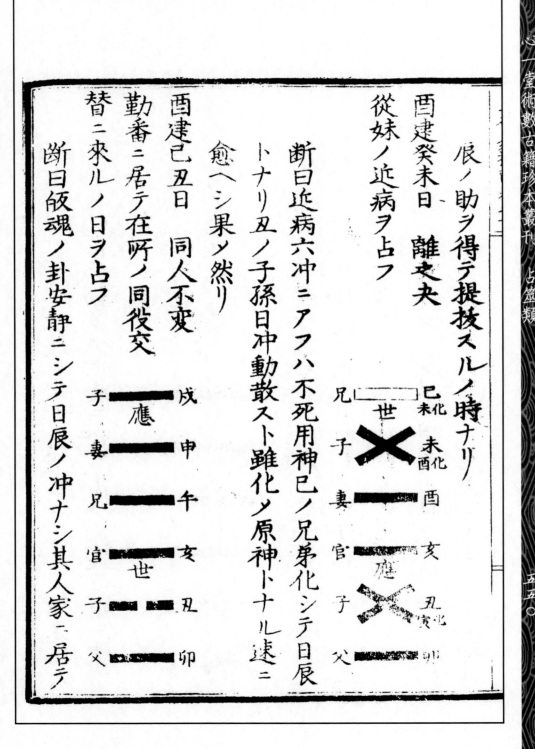

断曰近病六冲ニアフハ不死用神巳ノ兄弟化シテ日辰

トナリ丑ノ子孫日冲動散スト雖化ノ原神トナル速ニ

愈ヘシ果シ然リ

酉建巳丑日　同人不変

替ニ来ルノ日ヲ占フ

勤番ニ居テ在呀ノ同役交

断曰皈魂ノ卦安静ニシテ日辰ノ冲ナシ其人家ニ居テ

出サルノ象用神午ノ兄弟休囚安靜空凶ニシテ月日ノ

生合ナク原神卯ノ爻月破ニアヒ又世爻ヨリ用神ヲ克

ス必來ラス果ノ來ラサル間自身病ニアフテ其人ヲ待

タスシテ敗レリ病ニヨリテ敗ル〻ハ忌神白虎ヲ帶ヒ日

辰ヲ持シテ卦中ニアラハル〻故ナリ

亥建戌寅日　隨之隨

妻ノ孕ミタルヤ否ヤヲ

占ノ

兄 ▬▬▬▬	戌未化	
子 ▬▬▬▬▬ 世	申	午
父 ▬▬▬▬▬	午	丑
兄 ▬▬　▬▬	丑	
官 □□□□ 應	卯寅化 巳	
父 ▬▬▬▬▬	巳	

断日世爻子孫青龍ヲ帶ヒ空凶ト雖日辰ノ沖ニアフ又

胎爻卯木発動シテ日辰ニ化ス必孕ノリ果〆明年三月

男子ヲ生ノリ

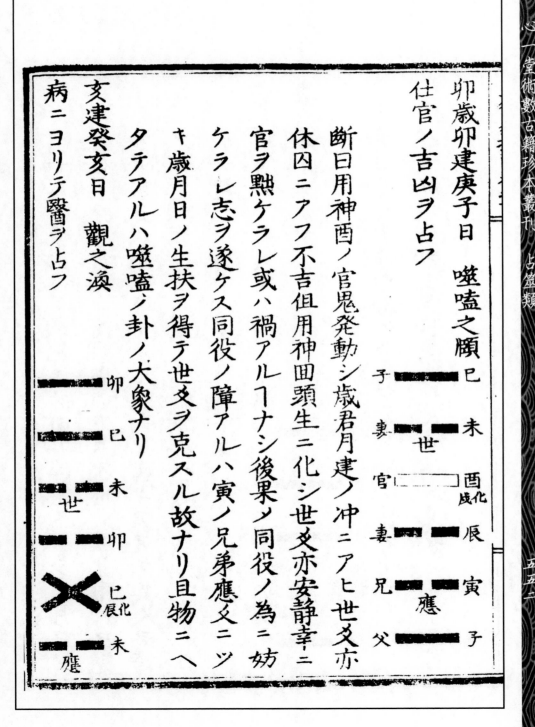

仕官ノ吉凶ヲ占フ

卯歳卯建庚子日　噬嗑之顧

子　　　　未
妻　世　　未
官　酉戌化　辰
妻　　　　寅
兄　　應　寅
父

断曰用神酉ノ官鬼発動シ歳君月建ノ冲ニアヒ世爻亦

休囚ニアフ不吉但用神田頭生ニ化シ世爻亦安静幸ニ

官ヲ黙ケラレ或ハ禍アル｢ナシ後果ノ同役ノ為ニ妨

ケラレ志ヲ遂ケス同役ノ障アルハ寅ノ兄弟應父ニツ

キ歳月日ノ生扶ヲ得テ世爻ヲ克スル故ナリ且物ニヘ

タテアルハ噬嗑ノ卦ノ大象ナリ

亥建癸亥日　觀之渙

病ニヨリテ醫ヲ占フ

卯
巳　未
世　未　卯
巳辰化　未
應　未

妻　官　父　妻　官　父

断曰用神未ノ應爻日月ノ助ナシト雖克害ニアハス而
〆官鬼發動シテ絶ニアヒ克ニアヒ沖ニアツテ子孫空亡
伏藏スト雖日辰月建皆子孫ヲ持ス必愈ユヘシ果〆巳
ノ日全ク愈ユ

卯建癸亥日　　死妄之同人

病人アリテ急ニ醫ヲ迎ルヽ
再ニ及ヘヒ来ラサルニヨリ
三十寓目ノ内ニ来ルヤヲ占フ

妻　━━━━　戌
官　━━━━　申　午
子　━━　━━　世　辰亥化
妻　━╳━　寅　子
兄　━━　━━
父　━━━━　應

断曰六冲ノ卦戌ノ爻月建ノ合ニアヒ寅ノ爻日辰ノ合
ニアフ沖憂逢合トス又用神子ノ應爻日辰相比シテ世

爻ヲ克ス皆來ルヘキ爻象ト雖用神空凶ニアヒ闇爻發

動シテコレヲ克ス必阻テ障ルコアリ明日子ノ日出空

ニアフテ來ルヘシシカルニ其日申ノ刻ニ其醫來リテ

云日中將ニ出ントスルノ寸婦人臨産ニ危急ノ病アリ

トテ强テ迎ヘラルヽニヨリテ甚時ヲ過セリト是始ノ

待ツ寸ニ來ラスシテ待タサルヽニ來ルハ无妾ノ同人

二変スルノ義ナリ妻財間爻ニアリテ發動シテ應爻ヲ

克スルハ臨産ノ婦人ナリ変出シテ日辰ニ臨ミ世爻ヲ

克スルハ當日ニ來ルノ兆申ノ刻ハ用神長生ニアフノ

時ナリ

酉建辛酉日　同人之家人　　戌申　午未化　亥　丑　卯

姪ノ遠ク出タルカ何レ

ノ日ニ皈ルルヲ占フ

断曰用神丑ノ子孫空亡ニアフト雖原神午ノ兄弟發動

シテコレヲ生シ卯ノ父母暗動シ原神ヲ生ス貪生忘克

トス且皈魂ノ卦ニアフ速ニ皈ル

フノ時未ノ日皈ランシカルニ巳ノ日皈ル是変出スル

未ノ父用神ヲ沖スル故ニ未ノ日ヲ得タスシテ生スル

ノ時ニ應スルナリ

婚姻ノ整フ整ハサルヲ占フ

午建癸巳日　益之乾

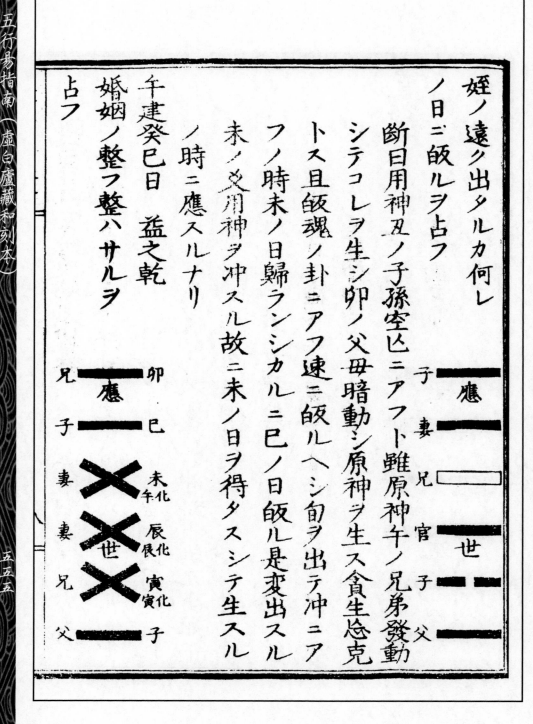

断曰外卦反吟内卦又伏吟ニアヒ妻財空凶ニシテ又空

凶ニ化シ又爽シテ六冲卦トナル成ルヘカラサルニ似

タリ但世爻妻財庀二月日ノ生ニアヒ妻財又月建ニ化

シ原卦巳ノ爻曰辰ヲ帶ヲ又爽ノ六冲卦トナルト雖午

未ノ合アリ妻財空凶ト雖旺相発動シテ生合ニ化ス難

シト雖必成ルヘシ果ノ反覆性来シテ丙申ノ日終ニ約

ヲナス申ノ日ニ應スルハ妻財世爻庀ニ長生ニアヒ原

神合ニアヒ忌神冲ニアフノ時ナリ

巳建庚戌日　　乾之大有

九月二人ヨリ遺ス金アリ

約ヲ失ハサルヤヲ占フ

父	▅▅▅	戌	世
兄	▅　▅	申未化	
官	▅▅▅	午	辰
父	▅▅▅	辰	寅　應
妻	▅▅▅	寅	子
子	▅▅▅	子	

断曰六冲ノ卦凶ト雖用神空亡ニアフ却テ吉忌神申ノ

兄弟妻財ヲ冲動シ世爻月ヨリ生シ日辰ヲ持シ應爻亦

月ヨリ生シ安静ニシテ日辰ノ冲ニアフ但冲ニアフテ

克ニアハズ必約ヲ失ハス果ノ然リ

酉建丙寅日　大過之姤

家ヲ買フテ移ランㇳスルニ

前ニ住タル人退カス何レノ

日ニ其人去リテ移ルヘキヲ占フ

断曰父母ヲ家宅トス此卦父母世爻ニツキ月ヨリ生シ

日ヨリ合ス但空亡ニアフ出空ヲ待ツヘシ又未ノ妻財

應爻ヲ冲シ進神ニ化ス代金ヲ遣スノ象コレ亦空亡ニ

化ス出空ヲ待ツヘシ果メ甲戌ノ日金ヲ送リ乙亥ノ日

轉居ス

千建丁巳日　睽之履

償ヲ尋ルニ何レノ日ニ

　　　　　　父　　巳
　　　　　　兄　　未申化
　　　　　　子　酉　世
　　　　　　兄　　丑
　　　　　　官　卯巳
　　　　　　父　　應

断曰用神子ノ妻財未ノ兄弟ノ下ニ伏藏シ月破ニアヒ

絶ニアヒ空凶ニアフテ発動ス千ノ月ヲ出テ丑ノ日ニ来

ルヘシ果メ然リ丑ノ日ニ應スルハ用神空ヲ出テ飛神

冲ニアフノ時ナリ或曰此卦用神月破休囚伏藏シ且飛

神强盛ニシテ伏神提扶スヘカラス且睽ハツムキ離ル

ルノ象故ニ此卦終ニ得スト断スヘシシカルニ終ニ得

ルハ何フヤ咎日空亡伏藏ハ現在儚ナキノ象應爻旺相

シテ日辰ヲ持シ世爻亦長生ニアヒ用神ヲ生ス終ニ得

ヘキノ兆且変ノ屢トナル屢ヲ尊卑相從ノ大象トス故

ニ得ルトスルナリ

梨樹ヲ移シ栽ヘテ枯レサ

ルヤヲ占フ

辰建乙巳日　臨之損

```
                    酉化
                    寅化
        子
    妻   ▅▅▅▅▅    亥
            ╳
    兄   ▅▅ ▅▅    丑
        應
    兄   ▅▅ ▅▅    丑
    官   ▅▅▅▅▅    卯
        世
    父   ▅▅▅▅▅    辰
```

断日用神酉ノ子孫発動シテ絶ニ化スト雖月ヨリ生合

シ日ヨリ長生ス決シテ枯レス果メヨク繁茂スシカル

ニ後両三年友人アリテ強テ乞フテ援キ去ル是世爻空

凶ニシテ用神コレヲ冲シ用神発動シテノ應爻ニ合スル

取カヘスニ「ナルヤヲ占フ

子ノ竊ニ持去リタル金ヲ

戌建乙未日　大過之解

故ナリ

妻　━━　━━　未
官　━━━━━　酉申化
父　━━　━━　世　亥
官　━━━━━　酉午化
父　━━━━━　亥　丑
妻　━━　━━　應

断曰未ノ妻財日辰ヲ持シ他ノ制克ナク世爻ヲ克ス得

ヘキニ似タリ但世爻日月ノ克ニアヒ世爻ノ原神酉ノ

爻内外両爻厄ニ發動スト雖一ハ退神ニ化シ一ハ囬頭

克ニ化ス是其身取カヘスノカナシ且変出スル午ノ子

孫妻財ニ合シ曰辰亦コレニ合ス是妻財日辰ヲ持シテ

出現スト雖我ニ情ナク彼ニ情アリ決シテ得ヘカラス

果ノ然リ

申建巳丑日　死妾之隨

婦人何レノ時ニ來ルヘキ
ヲ占フ

妻	戌未化　申　千辰　子
官	
子	世
妻	辰　寅
兄	
父	應

断曰卦六冲ニアフト雖應爻日辰ノ合ニアヒ変出ノ爻
世爻ニ合ス冲憂逢合トス且用神戌ノ妻財発動シ世爻
空ヒニアフ必速ニ來ルヘシ果ノ圖ラサルニ壬辰ノ日
來ル是亦死妾ノ義ナリ或曰用神発動スト雖退神ニ
シ空ヒニ化ス來ルヘキノ兆ニアラス苔曰退神ニ化ス
ト雖世爻ニ合シ空ヒニ化スト雖日辰ニ冲起セラル故
ニ寅卯ノ克ヲ避ケテ辰ノ日ニ來ルナリ

己建巳酉日　節之中孚

子[化]戌申丑卯巳

僕ヲ買フヲ占フ

断曰用神巳ノ妻財世爻ニツキ月建ヲ持ス凶ニアラス

但六合ノ卦原神卯木日辰ノ沖ニアフ合憂逢沖トス始

吉ニシテ終凶ノ象且忌神子水発動シテ日ヨリ生ス亥

子ノ月必変故アルヘシ果メ亥ノ月ニモトヨリ借タル

夜具等ヲ持シテ竊ニ逃レ去ル亥ノ月ニ應スル八用神

冲ニアヒ忌神令ヲ得ルノ時ナリ

申建巳酉日　恭不爽

父ノ久病ヲ占フ

兄　世
官
父
官　子
妻　應

子 ▅▅ ▅▅　酉　應
妻 ▅▅ ▅▅　亥
兄 ▅▅ ▅▅　丑
兄 ▅▅▅▅　辰　世
官 ▅▅▅▅　寅
妻 ▅▅▅▅　子

断曰久病六合ニアフハ必愈ユ寅ノ官鬼月建ノ冲ニア
フ合憂逢冲トスト雖空匕ニアヒ用神巳ノ父毋月建ノ
合ニアフ故ニ妨ナシ但原神日ヨリ克シ又月破ニアヒ
又空匕ニアフテ忌神亥ノ父月日ヨリ生ス亥子ノ月病
益甚シク寅卯ノ月ヨリ漸々ニ減シ巳ノ月全ク愈ユヘ
シ果ノ然リ

丑建辛亥日　大壮之豊

門爭ヲ家内ニ養ヒヲクヿ

ソ□ニフ

断曰六冲ノ卦寅ノ爻日辰ノ合ニアヒ子ノ爻月建ノ合
ニアフ冲憂逢合トスシカルニ子ノ爻ハ世ヲ冲克シ寅

兄	▬▬▬▬	戌
子	▬▬▬▬	申
父	▬▬▬▬ 世	午
兄	▬▬▬▬	辰
官	▬▬ ▬▬	寅 丑子
妻	▬▬▬▬ 應	子

ノ爻、用神ヲ沖ス月日コレニ合スルハ吉ニアラス且

官鬼空亡ニアフト雖日辰ノ生合ヲ得テ發動ス寅ノ月

二至リテ必事故アルヘシ果ノ正月ニ其家ノ婢ト私ス

ルヲ以テコレヲ追ヒ出セリ其婢ト私スルハ官鬼化ノ

兄爻トナリ玄武ヲ帯ヒテ子ノ妻財ト合スル故ナリ是

心愛逢合ヲ吉トスト雖忌神ヲ生合スルハ留煞害ヲ

類ニテ甚凶トスルナリ

巳歳未建辛卯日　　旅之賁

壽命ヲ占フ

此人年六十余絶ヘテ病ナク又長生ヲ貪ルノ心ナシ命

兄 ▬▬▬▬▬ 巳

子 ▬▬　▬▬ 未

妻 應 ▬▬▬▬▬ 酉 戌化

　 ▬▬▬▬▬ 申

　 ▬▬　▬▬ 午

世 ✕ 辰 卯化

數何レノ歳ニ盡ルヲ問フ斷曰六合ノ卦六合ニ化シ世

爻子孫ヲ持ス明ニ現在壽ヲ保チ病ナキノ象但世爻旺

相スト雖日辰ノ克ニアヒ又囘頭克ニ化ス酉ノ父發動

シ日辰ノ沖ニアフ合慶逢冲トス又化シテ日辰ノ合ニ

アヒ世爻ヲ冲スシカレ圧官鬼休囚伏藏安靜決シテ病

ナシ果シテ七年ヲ過キ乙亥ノ歳十月誤リテ跌キ仆レタ

ルニヨリテ數日ニシテ終ニ死ス亥ノ年月ニ應スルハ

忌神ヲ長生シ原神ヲ冲克シテ官鬼提挾スルノ時ナリ

不意ニ身ヲ害スルハ合慶逢冲ノ故ナリ

辰建　巳酉日　　井之巽

明日ノ天氣ヲ占フ

子卯化　戌　申　酉　亥　丑
世　應

父妻官官父妻

断曰子ノ父母發動シテ月ヨリ克シ日ヨリ生ス明日庚

戌二至レハ又日ヨリ克ス必雨ナシ又化シテ兄弟トナ

リ日辰ノ冲ニアフ明日ニ至レハ又合ニアフ必風アラ

ン果ノ前夜ニ雨アリテ其日朝微雨終ニ晴レテ千ノ時

ヨリ風アリ其朝微雨アルハ父母衰弱ト雖發動シツノ

上原神申酉ノ二爻寅卯ノ時ノ冲ニアフ故父母ヲ生ス

ルナリ風アルハ卯ノ兄爭日辰ノ冲ニアヒタルモノ必

日ニ至リテ合ニアフ故ナリ

千建癸丑日　　顧之剥

雇フテ遠方ヘ遣シタル人

```
━━━━━　寅
━━　━━　子　戌
　　世
━━　━━　辰
━━　━━　寅
━━━━━　子　未化
　　應
```

何レノ日ニ畋ルヲ占フ

兄　父　妻　妻　兄　父

断日用神子ノ應爻月破ニアヒ日辰ヨリ合シ化シテ月
建ノ合ニアヒ日辰ノ冲ニアヒ丙午ノ日來ルヘシ果メ
然リ子ノ日ニ應スルハ日辰ノ合ニアフタル子水空ヒ
ニ入リテ冲ニアフ冲ニアフタル未土合ニ
アフノ時化シテ冲ニアフノ時ナリ

千建癸卯日　　乾之中孚

断日六冲ノ卦應爻空ヒニシテ退神ニ化ス又千ノ官鬼
人ヨリ遣スヘキ金アリ何
レノ日ニ手ニ入ルヲ占フ
月建ヲ持シ日ヨリ生シテ合ニ化ス冲憂逢合トス吉ニ

父　　世　戊
兄　　　　申
官　　　午未化
父　　應　辰丑化
妻　　　　寅
子　　　　子

似タリト雖変出スル未ノ父変出スル丑ノ父ト相沖ニ

逢合ノ内又逢沖トス必ス反覆轉変シテ或ハ和合シ或ハ

ソムキ逆ヒ終ニ得ヘカラス果ノ然リ

巳建巳酉日　後之謙

子ノ病ニヨリテ藥方ヲ占フ

断曰用神酉ノ子孫日辰ヲ持シ原神發動シテコレヲ生

合シ官鬼安静ニシテ父母亦伏藏ス此茉必効アルヘシ

但辰子ノ両父發動シ変出スル申ノ父ト三合シテ水局

ヲ成シ官鬼ヲ生ス後必再發セン果ノ此藥ヲ服スルニ

數十日ニシテ其病全ノ愈ヘ冬月ニ至リテ再發ス冬月

子　━━　━━　酉
妻　━━━━　亥
兄　━━　━━　丑
　　應
兄　　✕　　辰帆化　寅
官　━━━━
妻　　□　　子辰化
　　世

再發スルハ水局時令ヲ得空匕ノ亥水官鬼ヲ合起スル

故ナリ且再発スルハ復ノ卦ノ大象ナリ

レノ日ニ到ルヲ占フ

遠方ヨリ得ヘキ金アリ何

酉建辛巳日　艮之噬嗑

断曰用神子ノ妻財月ヨリ生シテ世爻ヲ生ス倶日辰ニ

絶シ成ノ動爻ノ克ニアフヲ凶トス然レ圧忌神化シテ

原神トナリ原神申ノ爻空匕ト雖辰戌ニ爻ヨリ生ス且

変出スル子ノ爻動爻辰申ノ二爻ト三合ノ用神局ヲ成

ス申ノ爻今ニアタリテ空匕ナル故出空ノ時ニ來ルヘ

シ果メ丙申ノ日到ル

寅　官
子　妻兄　世
戌酉化
申辰化
午　父兄　應
辰子化

酉建丙辰日　顧之同人

小児ヲ他ニ託シヲキタル

カ何レノ日ニ來ルヲ占フ

断日游魂ノ卦變ノ飯魂トナル速ニ家ニ飯ルノ兆又用

神変出スル午ノ子孫発動シテ世爻ヲ生ス但変出スル

申ノ爻動爻子辰ノ二爻ト三合ノ水局ヲ成シ用神ヲ克

スト雖子ノ爻空亡ナル故其力弱シ庚申ノ日來ルヘシ

果ノ然リ申ノ日ニ應スルハ寅ノ爻冲動ニアフテ変出

スル午ノ爻及ヒ世爻ニツキタル戌ノ爻ト三合シテ用

神ヲナス故ナリ

酉建庚午日　華之革

寅
子化申
戌化午
辰亥化寅
子

兄
父
妻　兄
妻
兄
父

世

應

未
酉
亥
卯変化巳
未
卯化

母ノ久病ヲ占フ

断曰用神未ノ父母卦身ニツキ日辰ノ生合ヲ得ルト雖
忌神発動シテ長生ニ化シ原神安静ニシテ又亥卯未三
合會局シテ忌神ヲナス皆不吉ノ兆衆〆戌ノ月戌子ノ
日死ス戌ノ月ニ應スルハ忌神月破ヲ出テ合ニアフノ
月ナリ戌子ノ日ニ應スルハ亥水空亡ヲ出テ忌神ヲ生
シ原神ヲ克シ又用神空亡ニ入ルノ時ナリ且久病ヲ占
フテ死ヲ免レサルハ革ノ大象ナリ

午建丙午日　恒之鼎

人ニ借シタル金何レノ日

二　還スヲ占フ

斷曰用神戌ノ妻財發動シテ世爻ヲ生シ月日ヨリ生ス

庚戌ノ日還スヘシシカルニ辛亥ノ日ニ還ス是戌ノ爻

巳ニ化スル故ニ巳ヲ沖スルノ日ニ應スルナリ

丑建丙寅日　解之乾

人ヨリ還スヘキ金アリ何

レノ日手ニ入ルヲ占フ

斷曰外卦伏吟應爻又目辰ノ沖ニアフテ動散ス彼人憂

鬱呻吟辛苦勞動スルノ象寅午戌三合ノ原神局ヲ成シ

用神發動シテ世爻ヲ沖スト雖空巳ニアヒ又日ヨリ克

シ又伏吟ニアフ但干ノ子孫日辰及ヒ動爻ノ生ヲ得テ

戌戌化　妻

申申化　官　✕✕

午　　　應　✕✕

午辰化　子　━━━

辰　　　子　妻　✕　世

寅子化　兄　　　✕

用神ニ化ス辰ノ日ニ還スヘシ果メ庚辰ノ日其半分ヲ

還ス辰ノ日ニ應スルハ用神戌ノ爻空亡ヲ出テ沖ニア

フノ時又原神化シテ用神トナルノ時ナリ半分ヲ還ス

ハ用神空亡ニアヒ日ヨリ克スル故ナリ其餘ノ半分ハ

終ニ還サス是伏吟ニシテ又六冲卦トナル故終ニ散ス

ルナリ

辰建甲寅日　謙之旅

フロシキラ失フタルヲ占

断日世爻日辰ノ合ニアヒ官鬼安静必盗マレタルニア

ラス用神丑ノ父母空亡ニアフト雖發動シテ世爻ヲ克

兄 ✕ 酉化　巳化　亥
子 ▬▬ 世　丑化
父
兄 ▬▬ 申
官 ✕ 午辰　應
父 ▬▬▬

ス後必見得ヘシ又申ノ兄弟暗動シ又巳酉丑三合ノ兄
弟局ヲ成シ皆世爻ヲ生ス必兄弟爭從兄弟等ノ慶ニアリ

果ノ其姊ノ所ニアリ

酉建辛酉日　艮之巽

父ノ音書何レノ日ニ達ス
ルヲ占フ

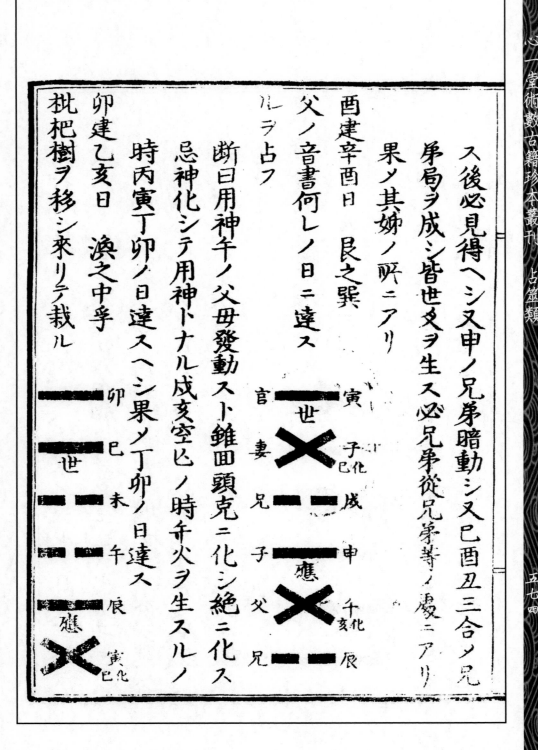

断曰用神午ノ父母發動スト錐田頭克ニ化シ絶ニ化ス
忌神化シテ用神トナル戌亥空巳ノ時午火ヲ生スルノ
時丙寅丁卯ノ日達スヘシ果ノ丁卯ノ日達ス

卯建乙亥日　渙之中孚

批杷樹ヲ移シ來リテ栽ル

二枯レサルヤヲ占フ

父　兄　子　兄　子　父

断曰用神辰ノ子孫卦身ニツキ休囚安静ニシテ月建動

爻ノ克ニアフ原神巳ノ兄弟暗動シテコレヲ生スト雖

日辰ノ冲ニアヒ忌神寅ノ父母発動シテ曰辰ノ合ニアフ

フ是留煞害命ノ類ナリ必拈ルヘシ果メ其冬ヨリ衰ヘ

テ戌ノ年ニ終ニ枯レタリ戌ノ年ハ用神冲ニアヒ原神

墓ニ入ルノ時ナリ

成建辰日　　益之家人

土中ニ金ヲ埋タリト傳ルニ

ヨリテ果ノ有ルヤラ占フ

断曰應爻ヲ土中トス兄弟ヲ持シ白虎ヲ帯ヒ休囚ニア

兄　　　　　應　卯
子　　　　　　　巳　未
妻　　　　　世　辰亥化寅
妻　　　　　　　子
兄　　　　　　　子
父

フ金ナキノ象世爻日辰ヲ持スルハコレヲ堀出せ…ト

欲スルナリ然レ圧化シテ父母ト、ナリ月日ヨリ克又繼

シテ切ナシ又世下ニ伏藏スル官鬼日辰及ヒ飛神ノ合

ニアフテ発動シテ應爻ヲ沖ス堀ラントシテ疑ヒ迷ヒ

或ハ憂ヒ懼ル、ノ兆トス然レ圧未ノ妻財空匕ニアフ

…月日動爻ノ生扶ナク巳ノ子孫亦休囚安静皆金ヲ得

ルノ理ナシ其人終ニ堀ラス後他人其所ヲコトくノ堀

タレ圧絶ヘテ金ナカリシ

戌建辛亥日　　謙不変

僕ノ其家ニ畈リタルカ再

來ルヤヲ占フ

兄	▬▬　▬▬	酉
子	▬▬　▬▬	亥　世
父	▬▬　▬▬	丑
兄	▬▬▬▬▬	申
官	▬▬　▬▬	午卯辰　應　伏
妻伏　父	▬▬▬▬▬	

断曰用神卯ノ妻財伏藏空亡ト雖日ヨリ長生シ月ヨリ
合ス又世爻日辰ヲ持シテ用神ヲ提抜ス必敀リ來ル〈
シ亥ノ月辛酉ノ日求メスシテ來ラン果メ然リ是用神
空亡ヲ出テ沖ニアヒ飛神休囚シテ世爻時令ヲ得ルノ時
ナリ且求メスシテ自ラ至ルハ謙ノ大象ナリ

子建乙巳日　死妄之乾
子ノ病ヲ占フ

妻 　　　　戌
官 　　　　申午
子 ＝＝世　辰辰化 寅寅化
妻 ××　　子
兄 ××
父 　　應

断曰六冲ノ卦六冲ニ化シ且内卦伏吟用神月破原神安
静皆大凶ノ兆用神日辰ヨリ比シ世爻ニツクノ吉アリ
厎𫝆諸件ニ敵スルヿ能ハス果メ其日戌ノ刻死ス用神

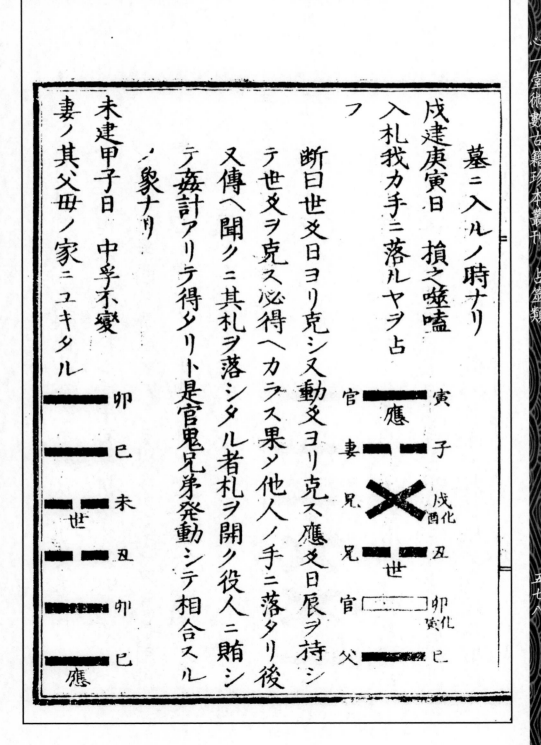

墓ニ入ルノ時ナリ

戌建庚寅日　損之噬嗑

入札我カ手ニ落ルヤヲ占
フ

断曰世爻日ヨリ克シ又動爻ヨリ克ス応爻日辰ヲ持シ
テ世爻ヲ克ス必得ヘカラス果メ他人ノ手ニ落タリ後
又傳ヘ聞クニ其札ヲ落シタル者札ヲ開ク役人ニ賂シ
テ姦計アリテ得タリト是官鬼兄弟発動シテ相合スル
ノ象ナリ

未建甲子日　中孚不變

妻ノ其父母ノ家ニユキタル

官　父　兄　兄　官　父

カ何レノ日飯ルヲ占フ

断曰用神子ノ妻財日辰ヲ持スト雖伏藏シテ飛神ニ絶
シ原神亦丑ノ兄弟ノ下ニ伏藏シテ丑ノ父日辰ヨリ合
起シ妻財ヲ合住ス寅ノ日丑ノ飛神ヲ克シ原神ヲ冲起
スルノ日飯ルヘシ果ノ然リ

未建壬午日　　剥不変

門弟ノ兄弟病甚重シト聞ニ
ヨリテ占フ

妻　━━━　寅
子　━　━世　子
父　━　━　戌
妻　━　━　卯
官　━　━應　巳未
父　━━━

断曰用神子ノ子孫
門人ハ子孫ヲ用神トス門人ノ兄モ
兄弟父母等ノ称ナキ寸八門人ノ屬
トナス故子孫　休四暗動シテ月ヨリ克シ他ノ救フ者ナ
ヲ用神トス
シ原神中ノ兄弟空ヒ伏藏シ日ヨリ克スツノ上月建忌

神ニ臨ミ又日辰忌神ニ合シ用神ヲ沖ス是ヲ留煞害命

ト云決シテ凶果ノ其日未ノ刻死ス

寅建乙亥日　革之既濟

妻ノ今年ノ身命ヲ占フ

官	▅▅ ▅▅	未	
父	▅▅▅▅▅	酉	
兄	▅▅▅▅▅ 世	亥 申化	
兄	▅▅▅▅▅	亥 丑	
官	▅▅ ▅▅	卯	
子	▅▅▅▅▅ 應		

断曰用神千ノ妻財兄弟ノ下ニ伏藏シテ飛神ニ絶ス飛

神日辰ヲ持シ月建ノ合ニアヒ他ノ沖克ナキ故伏神提

技シ難シ又世爻兄弟ヲ持シ日辰ヲ帯ヒ長生ニ化シテ

用神ヲ克ス原神卯ノ爻旺相スト雖發動セサル故用神

ヲ救ハス皆大凶トス果ノ其年十月ニ改メテ他ニ嫁シ

十一月痘瘡ニテ死ス亥ノ月改ノ嫁スルハ世爻時令ヲ

得テ用神冲ニアフノ月ナリ且改マルコトアルハ革ノ大

象ナリ

未建甲寅日　比不変

何レノ時彼地ニユクコナ

ルヘキヲ占フ

断日旅行ヲ占フテ皈魂ノ卦ヲ得又世爻勾陳ヲ帯ヒ安

静忌神暗動シテコレヲ制ス皆行クコ能ハサルノ兆今

年壬申ノ歳歳君忌神ニ臨ム故ニ申酉空亡ニアフノ歳

寅卯ニアタル時ニ至ラスンハ決シテ行カス果ノ然リ

酉建丁卯日　恒不変

孃妊ノ婦人自ラ其産スル

妻　子戌　應
兄　申
子　卯己　世
官　未
父　亥
兄　丑

戌　應
申
午
酉　世
亥
丑

日ヲ占フ　　　　妻　官　子　官　父　妻

婦人孕ミテ七八ヶ月何レノ月日産スヘキヲ問フ断曰

世爻月建ヲ持シテ暗動ス數月ヲ持タス明日戊辰ノ日

生ルヘシ但世爻官鬼ヲ持シ子孫白虎ヲ帯ヒ戊ノ爻青

龍ヲ帯ヒテ空亡ニアフ恐クハ吉ニアラス果メ戊辰ノ

日戊ノ刻小産シ死胎ヲ生メリ辰ノ日ニ應スルハ世爻

冲ニアフ者合ニアヒ戊ノ青龍日辰ノ合ニアフ者冲ニ

アフテ世爻ヲ生スルノ時ナリ

辰建巳丑日　　未濟不変

妻ノ孕ミタルヤ否ヤヲ占

フ

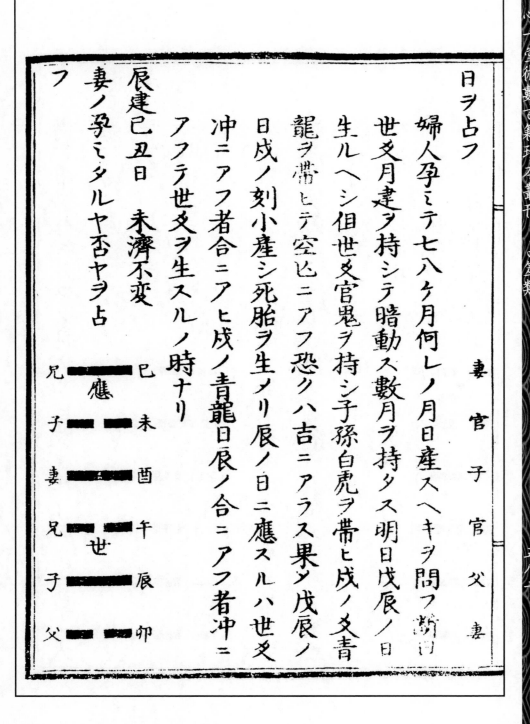

兄 ▬▬▬▬ 應 　巳

子 ▬▬　▬▬ 　未

妻 ▬▬▬▬▬ 　酉

兄 ▬▬　▬▬ 世 午

子 ▬▬▬▬▬ 　辰

父 ▬▬▬▬▬ 　卯

断曰妻財青龍ヲ帶ヒ月建ノ合ニアヒ子孫兩爻一八月

建ヲ持シ二八空凶ニシテ沖ニアフコレヲ起ト云又午

ノ胎爻空凶ニアフト雖世爻ニツク皆孕ムコアルノ兆

果ノ然リ

妻ノ産スル日ヲ占フ

巳建巳未日　大過不变

妻	▬▬　▬▬	未
官	▬▬▬▬	酉　亥
世	▬▬▬▬	酉　亥
官	▬▬▬▬	酉　亥
父	▬▬　▬▬	亥　丑
妻	▬▬▬▬ 應	

断曰午ノ子孫青龍胎爻ヲ持シ世爻ノ下ニ伏藏シ旺相

シテ飛神ニ絶入巳ノ日生ルヘシ果ノ然リ巳ノ日ニ

應スルハ飛神ヲ沖去シ妻財ヲ生スルノ時ナリ

亥歳未建癸酉日　小過之謙

戌　申　午

戌申午辰

數年ノ内ニ役ニアリツクヤ
ヲ占フ

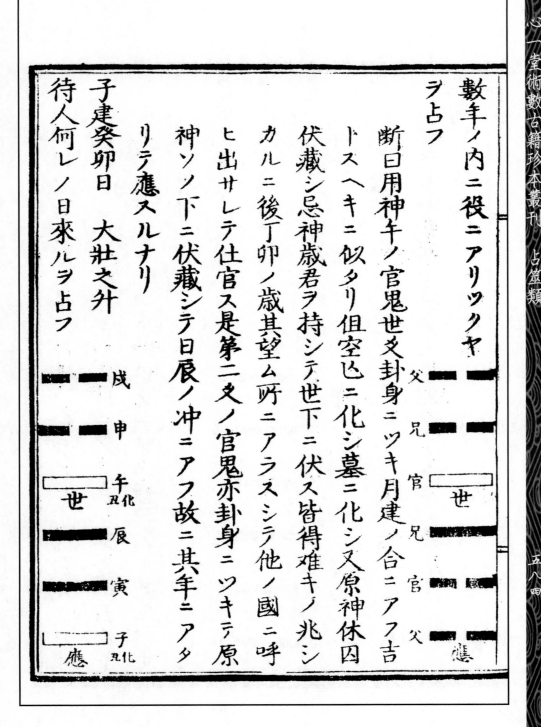

断曰用神午ノ官鬼世爻卦身ニツキ月建ノ合ニアフ吉
トスヘキニ似タリ但空亡ニ化シ墓ニ化シ又原神休囚
伏藏シ忌神歳君ヲ持シテ世下ニ伏ス皆得难キノ兆シ
カルニ後丁卯ノ歳其望ム所ニアラスシテ他ノ國ニ呼
ヒ出サレテ仕官ス是第二爻ノ官鬼亦卦身ニツキテ原
神ソノ下ニ伏藏シテ日辰ノ冲ニアフ故ニ其年ニアタ
リテ應スルナリ

子建癸卯日　大壯之升
待人何レノ日來ルヲ占フ

兄　子　父　兄　官　妻

断日六沖ノ卦應爻月建ヲ持シ發動シテ合ニ化ス冲慶
逢合トス又午火世爻ニツキ用神ヲ冲シ化シテ用神二
合ス戌午ノ日來ルヘシ果ノ然リ午ノ日二應スル八千
火月破サル故日ヨリ生スト雖其力弱ク用神ヲ冲開ス
ル能ハス其日ニアフテ子子水ヲ冲スル故ナリ

待人今日來ルヤヲ占フ

千建兩申日　訟不変

断日用神寅ノ應爻暗動獨發シテ世爻ヲ生シ他ノ制克
ナシ今日必來ラン但第三爻千ノ兄弟世爻ト同クシテ

子　妻　　　　戌
　　　　　　　申　兄　世
　　　　　　　午　子
兄　　　　　　辰　子
子　　　　　　寅　父　應
父

世應ノ間ニアリテコレヲ隔ツ其人或ハ他ニユキ隙ト
リテ此方ヘ來ルコト能ハサルカシカルニ其日他出ノ後
ニ來リテ終ニ面會セスコレ間爻ノヘタテアル故ナリ
且來ルト雖遇ハサルハ訟ノ卦ノ大象ナリ

午建戌戌日　既濟不変

鍬ヲ失ヒタルヲ占フ

```
兄 ▬▬▬▬▬  子戌  應
官 ▬▬ ▬▬  中亥
父 ▬▬ ▬▬  丑卯
兄 ▬▬▬▬▬      世
官 ▬▬ ▬▬
子 ▬▬▬▬▬
```

断曰用神千ノ妻財月建ヲ持シ世爻ノ下ニ伏藏シテ墓
ニ入ル必我ノ家ニアリ持佛堂燈明架ナドヲ尋ヌヘシ
果ノ神燈ヲ奉ル架上ニアリ是用神離宮ニアリテ千火
ニ属スル故ニ火ニ近キ處トシ又第三爻ヲ林架或ハ祠

堂ナトヽスル故ナリ且用神内卦世爻ノ下ニアリテ安

静ニシテ墓ニ入ル故ニ官鬼日辰ヲ持スト雖盗マレタ

ルニアラストスルナリ

申建戌申日　升之井

銅ヲ堀ルフヲ企テタルカ終

ニ遂ケテ益アルヤヲ占フ

官　▬▬　▬▬　酉
父　✕　　亥戌化　丑
妻　▬▬▬　世　酉
官　▬▬▬　亥　丑
父　▬▬▬　亥
妻　▬▬▬　應

断日妻財両爻一八世ニツキ一八應ニツキ俱ニ長生ニ

アフト雖官鬼両爻圧ニ權アリテ強ノ子孫伏藏シテ提

抜セスヌ動爻ヨリコレヲ克ス勞シテ切ナシ其人日既

ニ友人ト組合テ數多ノ元手ヲ費ヤス半途ニシテ廢ス

ルフ甚懨ムヘシテ強テコレヲ止ム其人予カ説ニヨリ

テ半途ニシテ止ム其友人ハ又他ノ人ヲ相手トシテ其

事ヲ遂ケントセシニ其後山小屋火災ニカヽリ通具食

料等皆焼失シ其他種々ノ事アリテ重子テテ大ニ金銀ヲ

費シ年月ヲ経テ元手ツヽキカヌルトテ終ニ止ミコレ

マテノ費ハ終ニ無益トナレリト

僕ヲ養フコヲ占フ

未建戌辰日　解之坎

妻　━━　━━　戌
官　✖應　申戌化
子　▬▬　　午申化
子　━━　━━　午
妻　━━━　世　辰寅
父　━━　━━

断曰用神戌ノ妻財空凶ニシテ日ヨリ沖スコレヲ起ト

云且世爻ト冲シ又六冲卦ニ変ス必久シカラス但子孫

発動シテ官鬼ヲ制シ世爻ヲ生シ世爻又日辰ヲ持スス

ヘテ害アル┐ナシ果ノ數日ノ後其同郷ヨリ來リ居ル

親族大病ナルニヨリテ代人ヲ出シテ退キ去ル

辰建丙子日　比之謙

母ノ近地ニ往キタルカ何

レノ日ニ皈ルヲ占フ

斷曰皈魂ノ卦皈ルニ┐必近シ用神巳ノ父母旺相安静月

ヨリ生シ日ヨリ克シ動爻ヨリ生入但原神發動シ日ヨ

リ生シテ絶ニ化シ空ニ化ス戌ノ父發動シテコレニ合

ス故ニ其生スルノカヲ専ラニセス癸卯ノ日皈ルヘシ

果ノ然リ是原神日ニアフノ時動爻月破ニアフ者合ニ

アフテ合任スルノ時ナリ且速ニ來ルハ比ノ大象ナリ

妻　　子
　應
兄　　戌　女化
子　　申
官　✕　卯中化　巳
　世
父　　未
兄

午建戌申日　大畜之艮

両三日中ニ來ルヲ約シタ

ル人果ノ來ルヤヲ占フ

官　寅
妻　子戌　應
兄　辰
兄　寅作化
官　世　子辰化
妻

断曰用神子ノ應爻長生ニアヒ世爻ヲ生シ世爻又空ヒ

ニアフ來ルヘキニ似タリト雖應爻月破ニアヒ世爻日

辰ヨリ沖シ化シテ應爻ト沖ス且六冲卦ニ変ス必來ラ

ス但初爻子ノ妻財應爻ニ同シクシテ発動ス必其故ア

リ果ノ其日夜ニ入リテ其妻ヲ遣シテ事スミ其人來ラ

ス是六冲ニ変シテ散スル故ナリ且ト、マリテ進マス

背キテアハサルハ大畜ノ艮ニ変スルノ義ナリ

丑建土戌リ　明夷之謙

酉　亥　丑　亥　丑　卯辰化

待人來ルヤ否ヤヲ占フ

父　▅▅▅▅
兄　▅▅▅▅
官　▅▅▅▅▅　世
兄　▅▅▅▅▅
官　▅▅▅▅▅
子　▅▅▅▅　應

斷日游魂ノ卦用神卯ノ應爻發動シテ世爻ヲ克シ世爻

空亡ニアフ速ニ來ルヘシ其人又何レノ日ニ來ルヘキ

ヲ問フ荅日卯ノ爻發動シテノ日辰ニ合住セラレ化シテ

日辰ノ沖ニアフ今日必來ラン果ノ數刻ヲ過キサル間

ニ來ル

寅建壬辰日　　巽之蒙

婚姻ノ吉凶ヲ占フ

兄　▅▅▅▅▅　世　　卯
子化　▅　巳　　未
妻　▅▅　▅▅
官　▅▅▅▅▅　應　酉化　亥
父　▅▅　▅▅　丑
妻　▅▅　▅▅

斷日六冲ノ卦妻財空亡ニアヒ官鬼發動シテ世爻ヲ克

シ化シテ空ヒニ入リ妻財ニ合ス子孫亦田頭克ニノフ
皆凶兆果ノ既ニ娶リ數日ニシテ其女重病ヲウケ辰ノ
月ニ至リテ漸ク愈ヘ即逃レ去ル辰ノ月ハ世爻休囚ニ
アヒ應爻官鬼生ニアヒ妻財生旺スルノ時ナリ逃レ去
ルハ應ニ合スル故ナリ

五行易指南卷十大尾

文政四辛巳年五月

敫學書院藏版

東京市京橋區南傳馬町二丁目五番地

賣捌

目黒十郎支店

仙臺市國分町

書肆

有千閣